Fachbuchreihe Controlling

Praxis-Handbuch Controlling Öffentliche Verwaltung

Prof. Dr. Oliver Störmer, Kai Peters und Tanja Weiss

HANSER

Die Deutsche Bibliothek – CIP Einheitsaufnahme
Ein Titelsatz für diese Publikation ist bei der Deutschen Bibliothek erhältlich.

ISBN 978-3-446-41756-4

1. Auflage

© Copyright 2008 by REFA Bundesverband e.V., Darmstadt
Nachdruck oder fotomechanische Wiedergabe – auch auszugsweise – verboten.
Printed in Germany.
Druck: Hitzegrad Print Medien & Service GmbH, Dortmund

Inhaltsverzeichnis

		Seite
1.	Vorwort	6
2.	Von der Input- zur Output-Steuerung	7
3.	Basis-Instrumente der Controlling-Arbeit	8
3.1.	Verwaltungsprodukte definieren und abgrenzen	8
3.2.	Strategische und operative Ziele festlegen	20
3.3.	Kennzahlen erarbeiten	23
3.4.	Erstellen von Kontrakten und Zielvereinbarungen	29
4.	Instrumente und Checklisten für das strategische Controlling	37
4.1.	Übersicht	37
4.2.	Szenario-Technik	38
4.3.	Portfolio-Technik	40
4.4.	Balanced Scorecard	42
4.5.	Nutzwertanalyse	46
5.	Instrumente und Checklisten für das operative Controlling	49
5.1.	Controlling der Kosten, Kameralistik und Doppik	49
5.1.1.	Formale Aspekte der Finanzbuchhaltung	54
5.1.2.	Wesen und Aufgabe der Finanzbuchhaltung	54
5.1.3.	Der Jahresabschluss	55
5.1.4.	Erträge und Aufwendungen	56
5.1.5.	Die Buchhaltung	57
5.2.	Instrumente der Kostenrechnung	87
5.2.1.	Vollkostenrechnung	87
5.2.2.	Voll- und Teilkostenrechnungssysteme im Vergleich	98
5.2.3.	Die Deckungsbeitragsrechnung als 1. Instrument der Teilkostenrechnung	99
5.2.4.	Die mehrstufige Deckungsbeitragsrechnung als 2. Instrument der Teilkostenrechnung (Fixkostenmanagement)	102
5.3.	Kennzahlen aus Doppik und Bilanz	105
5.3.1.	Der Jahresabschluss	105
5.3.2.	Die Systematik von Kennzahlen und Kennzahlensystemen	110
5.3.3.	Schwerpunkte der Kennzahlenanalyse	112
5.3.4.	Die Top-Kennzahlen	113
5.3.5.	Die Strukturkennzahlen	121
5.3.6.	Die Goldene und Silberne Bilanzregel (Anlagendeckung I&II)	125
5.3.7.	Die Liquiditätskennzahlen	126
5.3.8.	Die Ertragskennzahlen	130
5.3.9.	Zusammenfassung	133

	5.4.	Kennzahlen für das Controlling von Leistungen	134
		5.4.1. Vom Produkt zur Leistungskennzahl	135
		5.4.2. Erfassung und Steuerung mit Leistungskennzahlen	136
	5.5.	Kennzahlen für das Controlling von Qualität und Kundenzufriedenheit	139
		5.5.1. Erfassung und Steuerung mit Qualitätskennzahlen	144
	5.6.	Kennzahlen für das Controlling von Prozessen	145
		5.6.1. Prozess	145
		5.6.2. Teilprozesse	145
		5.6.3. Tätigkeiten und Vorgänge	145
		5.6.4. Geschäftsprozesse	146
		5.6.5. Unterstützungsprozesse	146
		5.6.6. Analyse von Prozessen anhand von Kennzahlen	148
	5.7.	Kennzahlen für das Controlling v. Motivation u. Mitarbeiterzufriedenheit	153
6.	**Brennpunktthemen**		156
	6.1.	Ein Dauerbrenner: Das Benchmarking	156
	6.2.	Das Thema mit Zukunft: Wirkungscontrolling	160
	6.3.	Einfach knifflig: Das Projektcontrolling	164
7.	**Berichte und Reports entscheidungsorientiert gestalten**		166
8.	**Stellenprofil für Controlling-Stellen**		169
9.	**Bildverzeichnis**		172
10.	**Stichwortverzeichnis**		175
11.	**Das Autorenteam**		178

1. Vorwort

Noch vor 15 Jahren traf der Gedanke, Verwaltungen durch ein Controlling mit Kennzahlen leiten und steuern zu können, auf allgemeines Kopfschütteln. Es hieß: „Diese völlige Unterordnung unter ökonomische Prinzipien ist nicht sinnvoll in einem Bereich, der sich in der Regel nicht durch einen frei zugängigen Markt und offenen Wettbewerb auszeichnet."

Wir sind anderer Ansicht: Während unserer langjährigen Erfahrung in Beratung und Training unserer Kunden aus dem öffentlichen Sektor kristallisierte sich immer mehr die Erkenntnis heraus, dass gerade Leistungsersteller, die ganz oder teilweise mit öffentlichen Mitteln arbeiten, besonders in der Verantwortung stehen, latent an der Verbesserung des Verhältnisses zwischen In- und Output zu arbeiten.

Gerade die Leistungen großer Verwaltungen mit Kennzahlen vergleichbar und steuerbar zu machen, hat in den letzten Jahren vielfach zu völlig neuen Lösungen, zu Effizienz- und Qualitätssteigerungen geführt.

Dabei ist es unerheblich, ob wir es mit hoheitlichen Leistungen im Bereich technischer Überprüfungen zu tun hatten, mit Sozialberatungen oder mit dem System öffentlicher Bibliotheken.

Wir sehen hierin keinesfalls eine Modeerscheinung, die wieder verschwindet und durch andere Trends ersetzt wird.

Allerdings geht es immer wieder darum, die neuen und bekannten Instrumente des Controllings kenntnisreich, fachlich konkretisiert und eventuell auch modifiziert im öffentlichen Sektor einzusetzen. Ein Übertragen von Instrumenten des privaten Bereichs in den öffentlichen nach „Schema F" kommt nicht in Frage.

Das vorliegende Buch ist aus langjähriger Praxiserfahrung des Autorenteams entstanden und als Handreichung für alle interessierten Fach- und Führungskräfte der öffentlichen Dienstleister konzipiert. Gern nehmen wir auch weiterhin Anregungen und Wünsche unserer Leserinnen und Leser entgegen und beziehen sie in den weiteren Entwicklungsprozess ein.

Viel Spaß beim Lesen wünscht Ihnen das Autorenteam im September 2008.

2. Von der Input- zur Outputsteuerung

„Haben wir das Anordnungssoll aus der Haushaltsplanung eingehalten?" So oder ähnlich lautete früher die zentrale Controlling-Frage in Ämtern und Behörden. Die Steuerung öffentlicher Dienstleister erfolgte entscheidend über die Einhaltung eines vorgegebenen Inputs.

Erzwungen durch die überwiegend prekäre Situation öffentlicher Haushalte seit den 90er Jahren und gepaart mit einem sich verändernden Anforderungsdenken in unserer Gesellschaft sowie neuen Ansprüchen an die Rolle staatlicher Dienstleister, sind die verschiedenen Modelle outputorientierter Steuerung entwickelt und realisiert worden, um die Verwaltungssteuerung dabei an ihrem Output neu auszurichten.

Insofern geht es bei Einführung und Weiterentwicklung von Controlling im öffentlichen Sektor nicht vorrangig nur darum, die Arbeit mit Kennzahlenberichten zu etablieren.

Der Erfolg eines Controlling-Systems lässt sich daran messen, inwieweit es beiträgt, die Führungstätigkeit in Richtung einer outputorientierten Steuerung zu unterstützen.

Da sich zudem momentan bundesweit ein Wandel des Rechnungssystems von der kameralen Geldverbrauchs- zur doppischen Ressourcensystematik vollzieht, bestehen für ein aussagekräftiges Controlling mehrfach aktuelle Anforderungen.

Ihre Umsetzung wird zu mehr Leistungstransparenz, höherer Effizienz, aber auch Sicherung von Qualitätsstandards und mittelfristig zu einer deutlich verbesserten Gerechtigkeit zwischen uns und den folgenden Generationen führen.

3. Basisinstrumente der Controlling-Arbeit

3.1. Verwaltungsprodukte definieren und abgrenzen

Für die Einführung eines Output-orientierten Controllings ist die Darstellung der Aufgaben des zu controllenden Bereichs in Form einer systematischen, hierarchisch geordneten Produktstruktur unerlässlich.

Definition des Produktbegriffs:

Das Verwaltungsprodukt

Verwaltungsprodukte sind Ergebnisse einer Verwaltungseinheit, die diese nach außen abgibt

Der Begriff „Produkt" umfasst dabei sowohl konkrete Produkte als auch Dienstleistungen. Verwaltungsprodukte haben mindestens einen Kunden oder Abnehmer. Verwaltungsprodukte setzen sich aus Teilleistungen und Leistungen zusammen. Sie werden zu Produktgruppen zusammengefasst, die ihrerseits wiederum zu Produktbereichen aggregiert werden.

Ist der Abnehmer eine externe Stelle, spricht man von externen Produkten; ist er eine andere Organisationseinheit der Verwaltung, spricht man von internen Produkten.

Anforderungen an die Produktdefinition

Die **Produktdefinition** stellt Verwaltungseinheiten vor die Aufgabe, die jeweiligen Tätigkeiten und Aufgaben einem Produkt vollständig zuzuordnen. Hierbei ist zu vermeiden, dass unterschiedliche Tätigkeiten in unterschiedlichen Produkten wiederzufinden sind. Name und Definition des Produkts müssen darüber Aufschluss geben, welche vollständigen Leistungen in diesem Produkt enthalten sind. Die Abgrenzung z.B. von Beratungsleistungen auf bestimmte Produkte ist dabei eine schwierige Aufgabe; übergeordnete Beratungsleistungen sind jeweils einem bestimmten Produkt zuzuordnen.

Die Abgrenzung von Produkten erfolgt vor allem unter Steuerungsgesichtspunkten. Für ein wirkungsvolles Controlling ist es entscheidend, sämtliche anfallenden Tätigkeiten in Produkten voneinander abzugrenzen, um sowohl Leistungsströme als auch Kosten einem Produkt vollständig zuordnen zu können.

Die Entscheidung über Produktabgrenzung fällt spätestens mit der Bildung eines Produktnamens. Dieser hat sowohl alle Leistungen zu beinhalten als sich auch von anderen Produkten abgrenzen – und ist dabei so allgemein wie möglich und so speziell wie nötig zu wählen.

Produkte müssen also so voneinander abgegrenzt werden, dass alle Leistungen, die zu einem Produkt gehören, diesem zugeordnet werden. Ziel: die vollständige Produkt-Leistungszuordnung. So werden, um ein Beispiel aufzuzeigen, alle Leistungen, die zum Produkt „materielle Hilfe" gehören, aufgelistet, z.B. Annehmen eines Antrages, Beratung des Bürgers, Erstellung eines Bescheides, Bearbeitung eventueller Widersprüche.

Zusammenfassend sind die Anforderungen an die Produktdefinition dargestellt:

Kap. 3.1, Bild 1: Anforderungen an die Abgrenzung von Produkten

Die im Bild zusammengefassten Anforderungen sind im Folgenden erläutert.

Produkte outputorientiert definieren
Hierbei ist es wichtig, nicht die Sicht auf die Tätigkeit oder Verrichtung, sondern auf das Ergebnis zu richten. Also nicht: „Prüfen eines Antrages", sondern „Bescheid".

Leistungen einer Verwaltungseinheit vollständig erfassen
Die Produkte einer Verwaltungseinheit und die einzelnen Produkten zugeordneten Leistungen müssen insgesamt zur Erfüllung aller Aufgaben der jeweils betrachteten Organisationseinheit führen, für die sie Steuerungsgröße sind. Das heißt z.B., sämtliche Leistungen, die mit der Erstellung eines Bescheides verbunden sind, also auch alle Beratungs-, Erinnerungs- und Erfragungstätigkeiten fließen in das Produkt ein.

Ein Produkt nur einer Verwaltungseinheit zuordnen

Steuerung durch Produkte heißt in der Regel auch Einheit von Fach- und Ressourcenverantwortung für ein Produkt. Diese sind daher so zu definieren, dass für die Herstellung nur eine Organisationseinheit verantwortlich ist. Tragen zwei Organisationseinheiten zur Erfüllung einer Aufgabe bei, so sind deren Leistungen möglichst verschiedenen Produkten zuzuordnen, wenn eine Steuerung jeder einzelnen Abteilung durch Vorgabe von Produkten und dem dazugehörigen Produktbudget beabsichtigt ist. Wird beispielsweise im Jugendamt eine mit Ressourcenkompetenz ausgestattete Organisationseinheit "wirtschaftliche Jugendhilfe" gebildet, so sind deren Leistungen als Produkt für eine Außenstelle des Jugendamtes im Zusammenhang mit der Gewährung von "erzieherischen Hilfen" zu definieren.

Fachlichkeit sicherstellen

Das Ziel, ein Produkt nur einem Fachbereich zuzuordnen, ist allerdings auch im Zusammenhang mit den Anforderungen an die entsprechende Verwaltungsörtlichkeit und -kompetenz zu sehen. Sind üblicherweise für das Produkt „Genehmigung" Stellungnahmen von Organisationseinheiten außerhalb der erstellenden einzuholen, wäre es aus Sicht einer produktorientierten Organisation wünschenswert, auch die mit den Stellungnahmen verbundenen Prüfungen in der gleichen Verwaltungseinheit wahrzunehmen. Haben fachliche Aspekte nicht Vorrang, ist eine Aufgabenverlagerung zu prüfen, etwa zur Wahrnehmung von ordnungsbehördlichen und fachlichen Aufgaben in einer Verwaltung.

Eindeutige Zuordnung der Kosten und Erlöse

Bei der Produktbildung wird jedem Produkt der Ressourcenverbrauch eindeutig zugeordnet, damit ein produktbezogenes Budget vereinbart werden kann. Insbesondere die Personalkosten sollten in vertretbarem Ausmaß ersichtlich und den Produkten zugerechnet werden.

Schnittstellen zur Haushaltsgliederung sind eindeutig zu definieren, das heißt ein Produkt darf nicht verschiedenen Unterabschnitten zugeordnet sein.

Der **Produktplan** lässt sich als die hierarchische Übersicht über alle Produktbereiche Produktgruppen und Produkte einer Verwaltung definieren.

Auf welcher Stufe aggregiert wird, hängt vom Steuerungsbedarf der jeweiligen Verwaltungseinheit ab.

Die Produkthierarchie veranschaulicht nachfolgendes Bild:

Kap. 3.1, Bild 2: Produkthierarchie

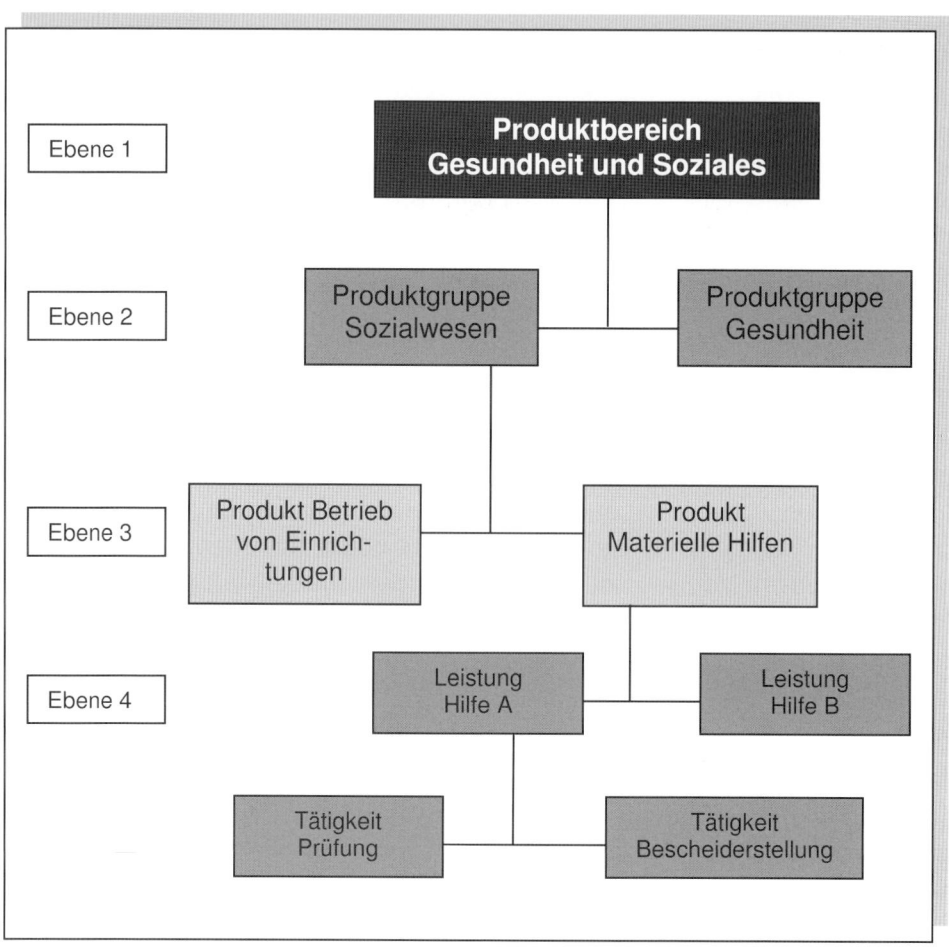

Produktbeschreibungen

Produktbeschreibungen als Informationsträger schaffen die Grundlage für eine ziel- und ergebnisorientierte Steuerung, indem sie Auskunft über folgende Informationen geben:

- Verantwortlichkeit für das Produkt
- Leistungen
- Auftragsgrundlage
- Zielgruppe
- Zielsetzung
- Angaben zum Leistungsumfang
- Maßstäbe zum Grad der Zielerreichung
- Kosten der Produkte/Erlöse

Sie werden Basis für die Budgetbildung sein oder Grundlage für das Abschließen von Ziel- und Leistungsvereinbarungen. Zum Musterformular Produktbeschreibung siehe nächste Seite.

Kap. 3.1, Bild 3: Formular Produktbeschreibung

Produkt:	Nr.:	Name:
Dezernat:		
Amt:		
Verantwortlich:		

1. Dieses Produkt umfasst die folgenden Leistungen:
2. Auftragsgrundlage:
3. Zielgruppe:
4. Zielsetzung
5. Angaben zum Leistungsumfang (Erläuterung)
6. Maßstäbe zum Grad der Zielerreichung

Die einzelnen Bestandteile einer Produktbeschreibung sind wie folgt zu erläutern:

Umfang und Art der Leistungen beschreiben das Produkt so, dass auch der Nichtfachmann versteht, worum es sich handelt. Die Zielgruppe klärt, wer Empfänger des Produktes ist, den (in der Regel BürgerInnen) es dann wiederum näher zu präzisieren gilt. In der Rubrik Auftragsgrundlage sind diejenigen Gesetze, Verordnungen oder Beschlüsse zusammengefasst, die die Erstellung des Produktes rechtfertigen. Die Erfahrung hat gezeigt, dass sich bereits dort Produkte finden, die einer Auftragsgrundlage entbehren. Bei solchen Produkten muss die Frage geklärt werden, ob diese Leistungen zukünftig weiter angeboten werden sollen.

Zielsetzungen beschreiben die Produkte mit der Leistungserbringung Ergebnisse/Sollwerte. Sie sollten mess- und erreichbar sein. Es werden also nur solche von der Verwaltungseinheit gesteuerten Ziele gesetzt, die sich direkt auf das Produkt beziehen, die in Quantität und Qualität erfassbar sind und realistischer Weise durch die produktverantwortliche Einheit erreicht werden können.

Angaben zum Leistungsumfang enthalten in der Regel zahlenmäßige Angaben auf der Grundlage insoweit ermittelter Daten, z.B. Zahl der Anträge, Zahl der Besucher, Flächen zur Pflege öffentlicher Grundstücke, Anzahl der erstellten Gutachten.

Die **Kosten und Erlöse/Ausgaben und Einnahmen der Leistungserbringung** sind dem Produkt verursachungsgerecht zuzuordnen. Hier finden sich Angaben über Kosten, die dem Produkt entweder voll oder teilweise zuzuordnen sind. Verwaltungsgemeinkosten werden im Rahmen einer inneren Verrechnung dem Produkt kalkulatorisch zugeschlagen.

Maßstäbe zum Grad der Zielerreichung sind Kennzahlen oder Indikatoren, mit deren Hilfe die o.g. Zielsetzung gemessen werden kann.

Bei der Produktbeschreibung, besonders bei der Zielbezeichnung von Produkten muss darüber hinaus darauf geachtet werden, dass sich die Verwaltungseinheiten nicht in Detailfragen, Leitbildern oder Philosophieren über ihre Tätigkeit verlieren; siehe dazu Bild 4.

Kap. 3.1, Bild 4: Ausgefüllte Produktbeschreibung

Produkt: Fortbildung	**Nr.:** FB 1.321	**Name:**
Dezernat:		
Amt:		
Verantwortlich: Leitung Fortbildungszentrum		

1. Dieses Produkt umfasst folgende Leistungen
1.1 Bedarfsanalyse und Abstimmung
1.2 Durchführen von Fachfortbildung
1.3 Durchführen von übergreifenden Führungskräfte-Fortbildungen
1.4 Durchführen von IT-Schulungen
1.5 Durchführung von Fortbildung für PolitikerInnen

2. Auftragsgrundlage
Schulungskonzept der Stadtverwaltung
Beschluss des Rates zur Führungskräftefortbildung

3. Zielgruppe
alle Beschäftigten der Stadtverwaltung
alle Führungskräfte
PolitikerInnen

4. Zielsetzung
4.1 90 % aller Maßnahmen finden mit Mindestteilnahme statt.
4.2 Die variablen Soll-Kosten von x € eines Veranstaltungstyps werden eingehalten.
4.3 Die Zufriedenheit der Teilnehmenden wird durchschnittlich nicht schlechter als Schulnote 2 ausfallen.

5. Angaben zum Leistungsumfang (Erläuterung)
   Anzahl Fortbildungsstunden
   Teilnehmerzahlen nach Gruppen

6. Maßstäbe zum Grad der Zielerreichung
6.1 Anteil ausgefallener Veranstaltungen zu Plan
6.2 Ist-Kosten zu Soll-Kosten pro Veranstaltungstyp
6.3 Durchschnittszensur pro Veranstaltungstyp

© REFA

Kap. 3.1, Bild 5: Vorgehensweise Erarbeitung Produktbeschreibung

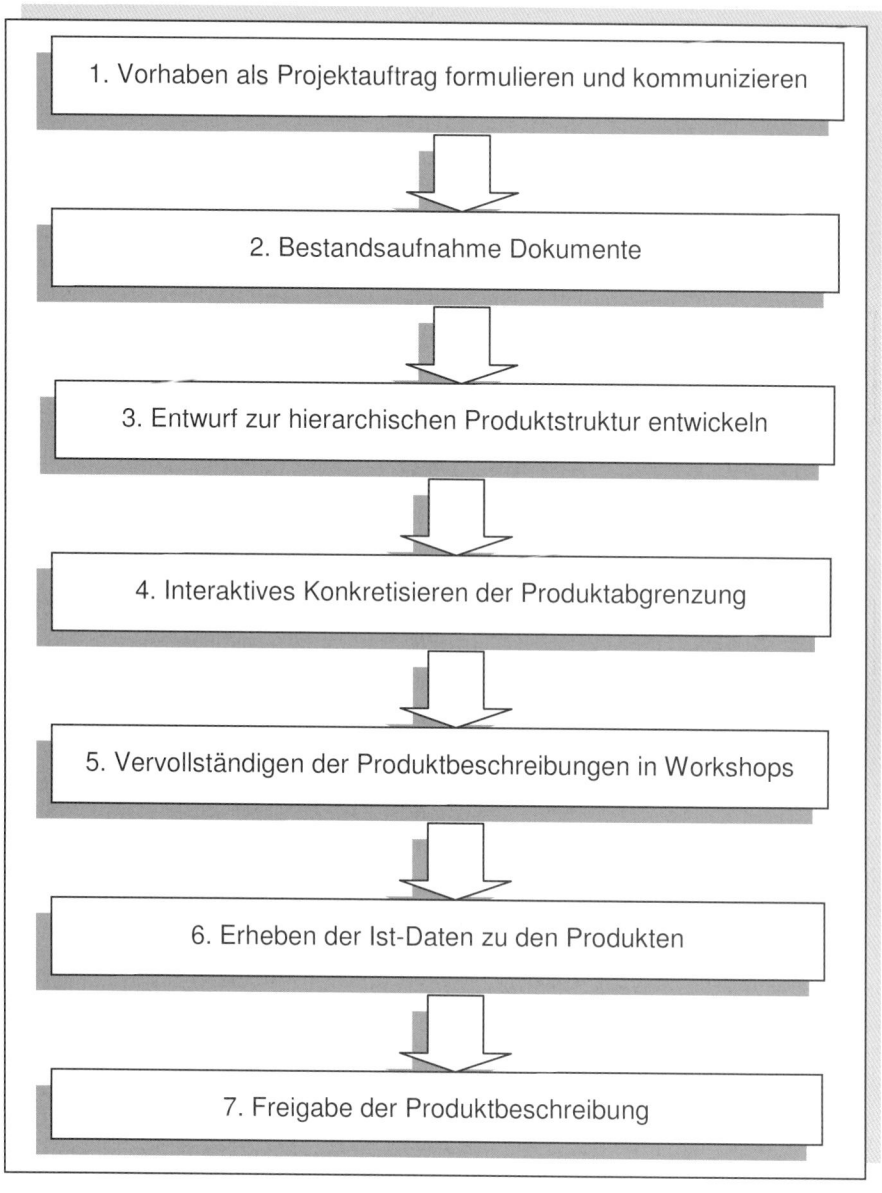

Der Produktkatalog bedeutet nicht, ein statisches Instrument zu sein, das - einmal erstellt - nicht weiter verändert wird. Vielmehr sind die einmal erarbeiteten Entwürfe ständig dem Zeitgeist anzupassen, die Zielsetzungen zu aktualisieren und den veränderten Umweltbedingungen anzupassen, und zwar stets in festgelegter kontinuierlicher Verantwortlichkeit.

Nutzen der Produktbildung
Die möglichen Nutzenkomponenten und Anwendungsfelder von Produktbildungen sind vielfältig und Bezugsobjekt für zahlreiche Zwecke innerhalb der Verwaltungssteuerung.

Mit Produkten wird das **Leistungsangebot einer Verwaltungseinheit konkretisiert** und präsentiert. Die Produktbeschreibung dient als Information bezüglich der Art des Produktes, dem Umfang der Leistungen und den damit verbundenen Zielen. Gleichzeitig wird geklärt, auf welcher Auftragsgrundlage, z.B. gesetzlicher Basis, das Produkt erstellt wird und wer die Empfänger des Produktes, also die Zielgruppe oder Kunden, sind.

Maßstäbe, wie das Ziel mit dem Produkt erreicht werden kann, lassen sich ebenfalls darstellen. Jeweils dem Leistungsumfang zugeordnete Ziele dienen dazu, den Grad der Erreichung durch das Produkt festzustellen.

Gleichzeitig werden **Kosten und Erlöse** der Produkterstellung aufgezeigt und verursachungsgerecht zugeordnet.

Die Produktbildung als gebündelte Leistungen einer öffentlichen Verwaltung bietet die **Möglichkeit, marktähnliche Strukturen herzustellen** und die Leistungen nach Quantität, Qualität und Preis zu beziffern und stellt somit ein notwendiges Instrument zur eine ziel- und ergebnisorientierten Steuerung dar. Mit Produktbeschreibungen lässt sich hinterfragen, ob für die BürgerInnen das Richtige getan, welche Ziele verfolgt und in welchem Maß sie erreicht wurden.

Gleichzeitig bilden die Produkte den **gemeinsamen Bezugspunkt für die Fachplanungen.** Anhand der Formulierung operationaler Ziele und der Bündelung von Leistungen lässt sich Verwaltungshandeln ergebnisorientiert planen.

Das **Rechnungs- und Haushaltswesen** erhält durch Produkte detaillierte Informationen über die Preise der Leistungen und die Möglichkeit der inneren Verrechnung. Budgetbildung und -kontrolle erfolgen auf Produktebene.

Auf der Basis von Produkten werden zwischen Politik und Verwaltungsführung sowie innerhalb der Verwaltung **Kontrakte** geschlossen. Im Personalmanagement lassen sich aus Produkten Bedarfe ermitteln und zielgerecht steuern.

Schließlich schafft die Bildung gleichartiger Produkte die **Grundlage für interkommunale Vergleiche.** Vergleiche erleichtern Interpretationen der örtlichen Situation. Politik und Verwaltung erhalten wesentliche Steuerungsinformationen; Produktverantwortliche bekommen Anhaltspunkte, wie sie die Produkterstellung verbessern können. Erst im interkommunalen Vergleich wird beispielsweise erkennbar, inwieweit der Kostendeckungsgrad in verschiedenen Verwaltungsleistungen relativ hoch oder relativ niedrig ist.

Die Entwicklung von Produkten ist eine zentrale Aufgabe bei der Einführung von outputorientierter Steuerung und Controlling.

3.2. Strategische und operative Ziele festlegen

Für das Controlling ist die Unterscheidung von strategischen und operativen Zielen bedeutsam.

Strategische Ziele beziehen sich auf die Entwicklungspotenziale einer Verwaltung, die zu erstellenden Produktpläne und Produkte, die Bereitstellung von Finanzen und die Entwicklung des Personalbestands. Hier werden Ziele gebildet, die der mittelfristigen Planung dienen.

Im **operativen Bereich** konzentrieren sich die Ziele auf die Beseitigung kurzfristiger Engpässe und auf konkrete Aspekte des Produkts, wie zum Beispiel Qualität oder Kosten. Der Grad der Zielerreichung wird unterjährig überprüft, die zeitliche Perspektive bleibt also klein.

Anforderungen an controllingfähige Ziele

Für operative Ziele gelten zwingend, für strategische Ziele nach Möglichkeit folgende Anforderungen. Die Ziele sollten

- mittels Kenzahlen oder Indikatoren messbar sein,
- durch die betreffende Verwaltung beeinflussbar sein.
- realistisch im Rahmen der geltenden Bedingungen
- hierarchisch widerspruchsfrei aufgebaut sein und
- konkret formuliert sein.

Zur Ausformulierung der Zielstruktur der Organisation eignen sich die in der Betriebswirtschaft üblicherweise verwendeten Dimensionen von Zielen mit der Einteilung in Zielobjekt, Zielinhalt, Zielausmaß und Zielzeitraum.

Zielobjekt

Das Zielobjekt beschreibt den Ausschnitt des Verwaltungshandelns, auf den sich die Zielformulierung erstreckt. Das Zielobjekt sollte möglichst großen Produktbezug haben und die Zielformulierung einzelnen Produktgruppen zuzuordnen sein.

Zielinhalt

Mit der Angabe des Zielinhalts wird die Frage beantwortet, welche Maßstäbe und Indikatoren zur Beschreibung der jeweiligen Zielerfüllung und zur Bewertung von alternativen Handlungsmöglichkeiten geeignet erscheinen. Dies können Leistungs-, Erfolgs- und Finanzziele sein.

Zielausmaß

Das Zielausmaß informiert über erwünschte Ausprägungen der Ergebnisse, der Ergebnishöhe usw.

Zielzeitraum

Der zeitliche Bezug steckt den temporären Horizont ab, in dem die Zielerfüllung erwartet wird.

Zielabhängigkeiten

Es gibt eine Reihe von Zielen, die sich zur Erreichung eines gemeinsamen Gesamtziels ergänzen. So fördert das Ziel „zügige Antragsbearbeitung" gleichzeitig das Ziel „zeitnahe Bescheide", aber eventuell auch „Senkung der Kosten pro Bescheid". In diesem Fall spricht man von **Zielergänzung.**

Zielneutralität liegt dann vor, wenn die Ziele unabhängig voneinander wirken. Es finden sich in der Praxis jedoch häufig Ziele, die sich widersprechen und ein Ziel nur durch Verzicht auf ein anderes erreicht werden kann. So kann das Ziel „zügige Antragsbearbeitung" eventuell dem Ziel „fehlerfreie Bescheide" widersprechen, da bei einer schnellen Bearbeitung nicht alle Faktoren recherchiert werden können. Darüber hinaus tritt mitunter eine **Zielkonkurrenz** auf, wenn einerseits „zügige Antragsbearbeitung" gefordert und andererseits auf höherer Ebene formuliert wurde, die gestellten Anträge zur Vermeidung von unberechtigten Ansprüchen genau zu prüfen. Dieser Zielkonflikt ist nicht lösbar, sondern führt zu einer Abstimmung der verschiedenen Ziele.

Hier übernimmt das Controlling die Aufgabe, auf mögliche Zielkonflikte hinzuweisen und Vorschläge zur Zielharmonisierung zu entwickeln.

Nachstehend ist ein Beispiel für eine controllingfähige Zielsystematik dargestellt.

Kap. 3.2, Bild 1: Beispiel Zielsystematik

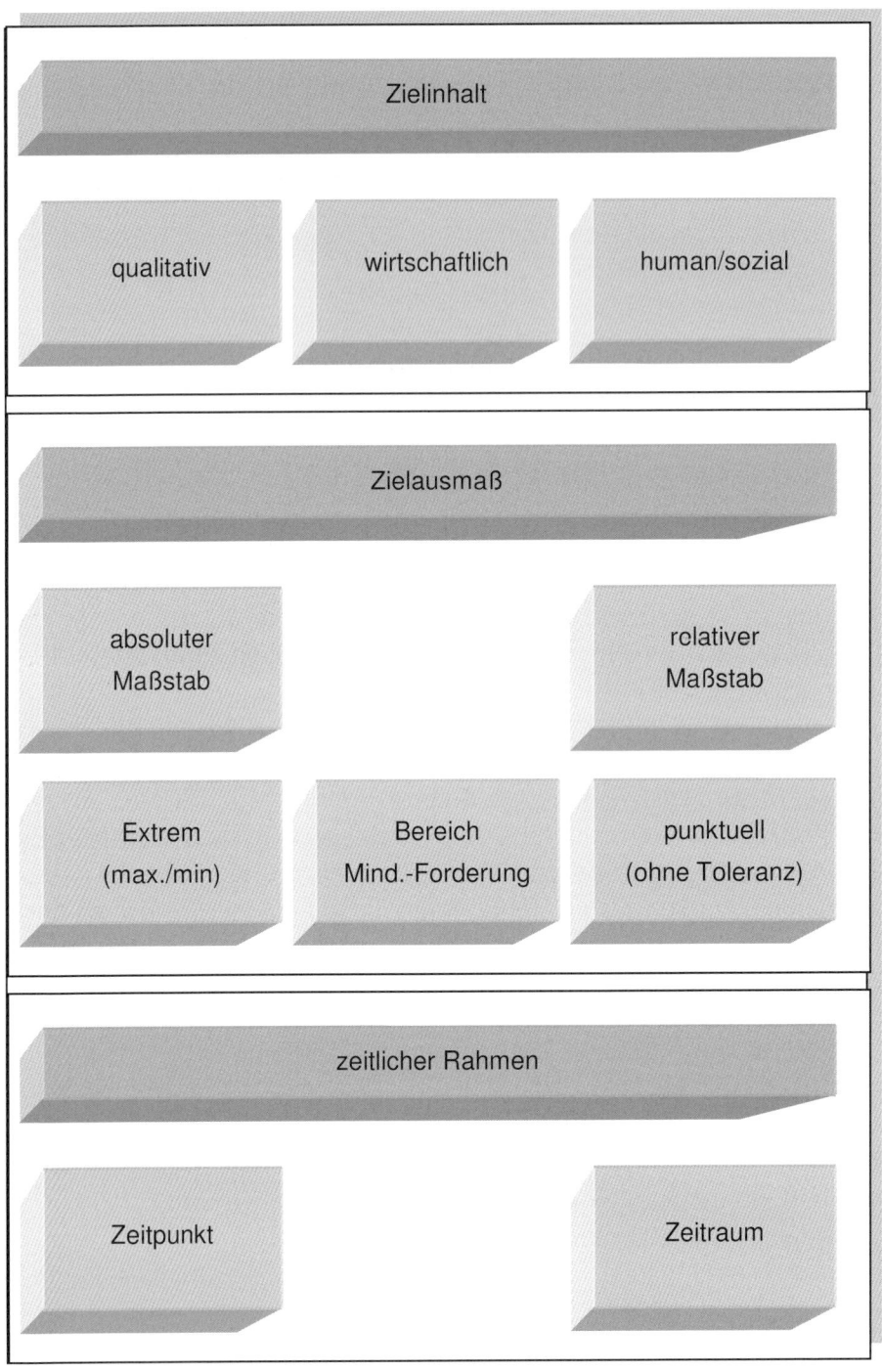

3.3. Kennzahlen erarbeiten

Eine Organisation mit Hilfe von Kennzahlen zu steuern heißt, deren beabsichtigte Entwicklungsrichtung in absoluten oder relativen Soll-Werten auszudrücken. Auf dieser Grundlage gilt es, das interne Führungssystem, die Organisation und Zusammenarbeit sowie weitere Systemelemente auszurichten. Kennzahlen haben den Vorteil, komplexe Zusammenhänge komprimiert darzustellen. Sie sind eindeutig quantitativ und beinhalten daher auch die Möglichkeit, die Leistungen unterschiedlicher Organisationen vergleichbar zu machen oder die Leistungen einer Organisation im Zeitverlauf zu bewerten.

Kennzahlen sind absolute oder relative numerische Werte, die sachlich komplexe Zusammenhänge komprimiert darstellen.

Mit der Erfassung, Analyse und Steuerung auf basierend auf Kennzahlen hat die öffentliche Verwaltung umfangreiche Erfahrung gemacht. Dabei stand und steht oft die **inputorientierte** Sicht von Haushaltsdaten im Vordergrund: Welche Haushaltsansätze werden geplant für welche Titel und Unterabschnitte und wie ist der unterjährige Stand bei der Erreichung der Soll-Werte? Auch Steuerungsentscheidungen wurden von Kennzahlen abgeleitet; in Extremfällen sind schon Haushaltssperren verhängt worden.

Mit dem Voranschreiten der Verwaltungsmodernisierung und neuer, **outputorientierter Steuerungsmodelle** sowie der Einführung von Elementen des betriebswirtschaftlichen Rechnungswesens ist konsequenterweise die Frage nach Ersatz oder Ergänzung dieser Daten durch outputorientierte Kennzahlen aufgeworfen worden. Dabei stehen insbesondere folgende **Kennzahlen** im Mittelpunkt:

- Leistungskennzahlen,
- Kostenkennzahlen,
- Qualitätskennzahlen und
- Prozesskennzahlen.

Kennzahlenkategorien: Generell unterscheidet man bei Kennzahlen zwischen **absoluten** und **Verhältniszahlen**.

Kap. 3.3, Bild 1: Kennzahlenkategorien

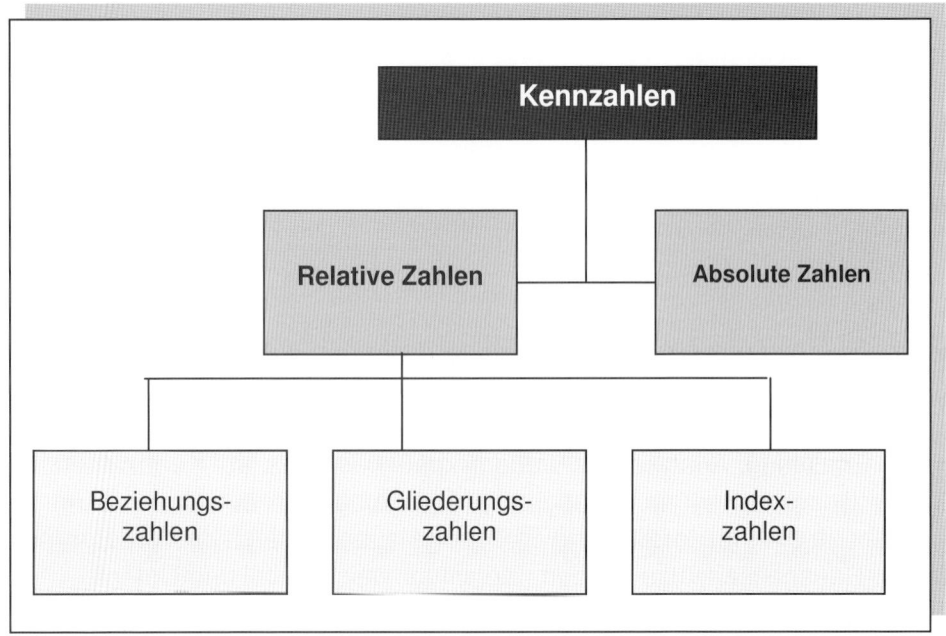

Die Graphik lässt sich wie folgt erläutern:

Eine **absolute Kennzahl** ist eine Grundzahl.

Beispiel:
Summe des Personals einer Abteilung in Vollzeitstellen.

Eine **Verhältniszahl** setzt stets zwei oder mehr Werte zueinander in ein Verhältnis.

Eine **Beziehungszahl** stellt das Verhältnis zweier unterschiedlicher Größen zueinander dar:

Beispiel:
Summe aller Vollzeitstellen einer Abteilung zur Summe aller bearbeiteten Anträge.

Eine Gliederungszahl setzt eine Teilmenge zu ihrer Gesamtmenge in ein Verhältnis.

Beispiel:
Summe der Vollzeitstellen einer Abteilung zur Summe aller Vollzeitstellen im gesamten Amt.

Eine **Indexzahl** setzt Größen aus unterschiedlichen Zeiträumen in ein Verhältnis.

Beispiel:
Personalausgaben 2007 zu Personalausgaben 2006.

Unter **Kennzahlensystemen** versteht man in der privaten Wirtschaft miteinander mathematisch verknüpfte Kennzahlen unterschiedlicher Ebenen.

Beispiel:
Das 1919 vom amerikanischen Unternehmen DuPont entwickelte System mit dem ROI (Return on Investment) als Spitzenkennzahl ist ein Beispiel für ein Kennzahlensystem. Der ROI informiert über die Rentabilität des eingesetzten Kapitals und setzt sich aus dem Verhältnis des Gewinns zum investierten Kapital zusammen.

Im öffentlichen Sektor gibt es zurzeit noch kein mathematisch verknüpftes Kennzahlensystem, das in gleicher Weise hierarchisch aufgebaut ist.

Traditionelle Kennzahlensysteme konzentrieren sich auf rein finanzwirtschaftliche Aspekte. Diese reichen jedoch für die öffentliche Verwaltung aufgrund ihrer Ausrichtung auf Gemeinwohlzielsetzungen nicht aus.

Erst durch den **Vergleich von Kennzahlenwerten** und die **Analyse der Abweichungsursachen** werden Kennzahlen zu wichtigen Entscheidungsgrundlagen für Führungskräfte.

Man unterscheidet die folgenden **Arten von Kennzahlenvergleichen**:

Zeitvergleiche
Es werden Ist-Kennzahlenwerte einer Organisation im Zeitverlauf verglichen.

Beispiel:
Ist-Kosten pro Kita-(Kindertagesstätten)-Platz 2006 zu Ist-Kosten pro Kita-Platz 2005.

Betriebsvergleiche
Es werden die Ist-Kennzahlenwerte zweier Organisationen miteinander verglichen.

Beispiel:
Ist-Kosten pro Kita-Platz (Kindergarten A) zu Ist-Kosten pro Kita-Platz (Kindergarten B).

Soll- oder Plan-Ist-Vergleiche
Es werden Planzahlen mit Ist-Kennzahlenwerten einer Organisation verglichen.

Beispiel:
Ist-Kosten pro Kita-Platz zu Plan-Kosten pro Kita-Platz im Kindergarten A 2006.

Jeder der Ansätze hat spezielle Eignungen für Einsatzzwecke sowie Vor- und Nachteile. Diese sind beim Aufbau eines Berichtswesens zu berücksichtigen.

Vorgehensweise zur Kennzahlenerarbeitung

Eine standardisierte Vorgehensweise zur Erarbeitung sinnvoller Kennzahlen ist im Folgenden dargestellt.

Kap. 3.3, Bild 2: Vorgehensweise zur Kenzahlenerarbeitung

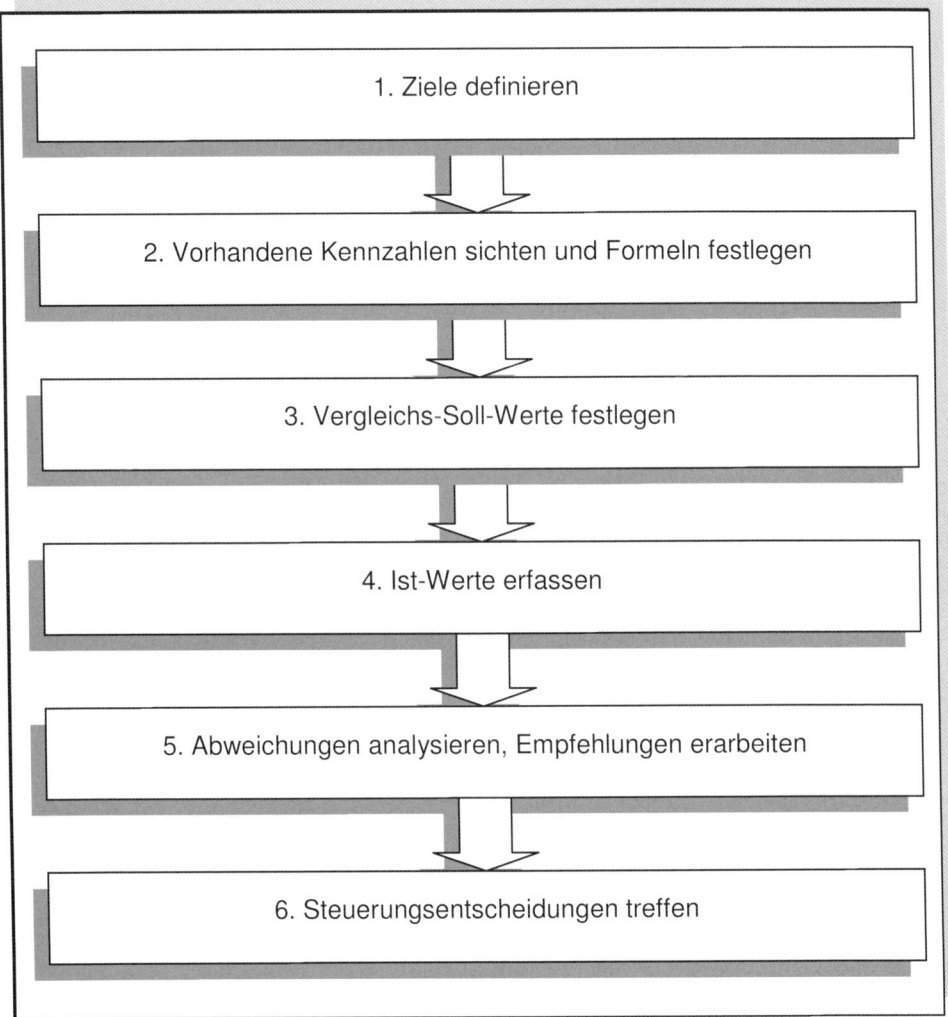

Es ist sinnvoll, sich bei der Erarbeitung von Kennzahlen auf ein **Standard-Formular** zu beziehen und damit eine einheitliche und auch für neutrale Personen oder für den Vertretungsfall nachvollziehbare Dokumentation sicherzustellen. Ein Formular ist nachfolgend dargestellt.

Kap. 3.3, Bild 3: Kennzahlenformular Verwaltung

Stand Datum:	registriert / gepflegt durch:
Nr. der Kennzahl	
Nr. Produkt/Gruppe:	
Ziel	
1. Name der Kennzahl (allgemein verständlich):	
2. Formel zur Darstellung / Erfassung der Kennzahl:	
3. Aussagekraft / Grenzen der Aussagekraft der Kennzahl:	
4. Verantwortlich für die Erfassung der Kennzahl: Basisdaten: Zusammenfassung / Aggregation:	
5. Verantwortlich für Kennzahleninhalt / Zielerreichung:	
6. Berichtswesen: Soll/Ist-Vergleichskennzahlen in Berichtstyp Nr. Berichtsturnus: Verantwortung Bericht:	

© REFA

3.4. Erstellen von Kontrakten und Zielvereinbarungen

Definitionen und Begriffe

Der Oberbegriff Kontraktmanagement beschreibt ein Managementsystem, in dem Führung sich nicht mehr vorrangig über Weisungen und Aufträge legitimiert, sondern Vereinbarungen über zu erzielende Ergebnisse in den Mittelpunkt stellt.

Wie bereits oben dargestellt, ist das Führen über Kontrakte (auch: Ziel- und Leistungsvereinbarungen) eine wichtige Basis für das Controlling im Rahmen der Verwaltungsmodernisierung.

Kontrakt

Ist eine verbindliche Absprache in schriftlicher Form nach gemeinsamer Erartung

- über Leistungen, Kosten und Qualität der Produkterstellung
- mit definierten Handlungsspielräumen und Interventionsspielregeln sowie
- transparenten Anforderungen an die Berichterstattung über einen definierten Zeitraum

zwischen

- Politik und Verwaltung,
- Verwaltungsführung und nachgeordneten Einheiten sowie
- Vorgesetzten und einzelnen MitarbeiterInnen.

Ziele der Führung mit Kontrakten

Die Ziele der Führung mit Kontrakten sind:

- effektiver und effizienter Ressourceneinsatz,
- Mitarbeitermotivation bezüglich Innovationen,
- Übertragung von Produkt- und Ressourcenverantwortung,
- Transparenz der Rahmenbedingungen und Anforderungen sowie
- Erleichterung der Mitarbeiterführung.

Kontraktbestandteile

Ziel- und Leistungsvereinbarungen müssen eine Reihe von Grundbestandteilen enthalten, damit sie für die Vertragspartner sinnvoll als ein Instrument ergebnis- und zielorientierter Verwaltungstätigkeit eingesetzt werden können. Folgende Bausteine gilt es zu berücksichtigen:

Kap. 3.4, Bild 1: Bausteine Zielvereinbarungen

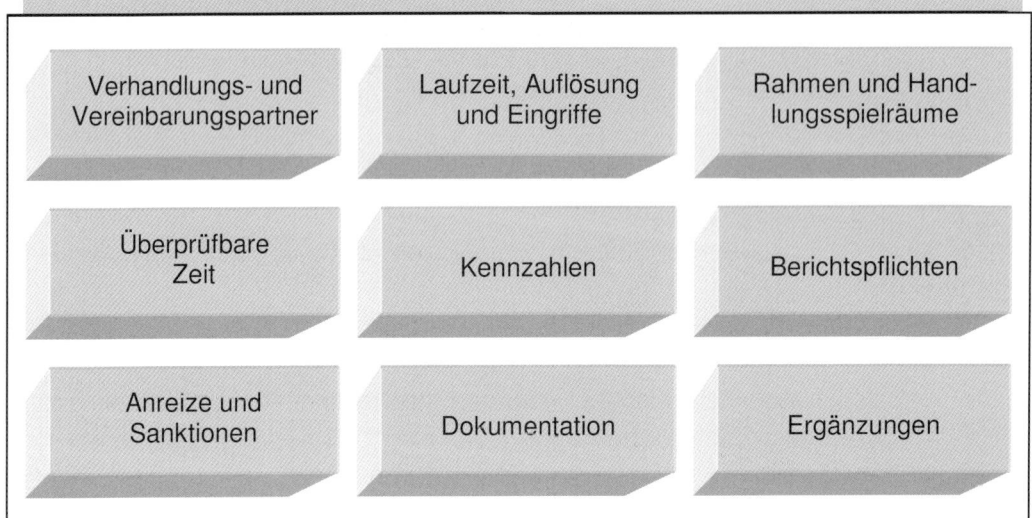

Erläuterung der Bausteine:

Klare Festlegung der Verhandlungspartner

Leistungsvereinbarungen besitzen im Gegensatz zu einseitig angeordneten Weisungen den Charakter mindestens zweiseitiger `Verträge´. Denkbar ist auch eine dreiseitige Vereinbarung, z.B. Behörden- oder Fachamtsleitung, Beauftragte für den Haushalt.

Die Verhandlungspartner müssen bekannt sein, denn sie beeinflussen und verantworten die maßgeblich den Vereinbarungsgegenstand und seine Erfüllung.

Die Gültigkeit der Vereinbarungen muss durch Unterschrift der Verhandlungspartner bestätigt sein.

Die Leistungs- und Zielvereinbarungen müssen dokumentiert und ggf. veröffentlicht werden.

Festlegung von Rahmenbedingungen, Handlungs- und Entscheidungsspielräumen

Der erweiterte Handlungsspielraum bedeutet, dem Auftragnehmer bleibt das `Wie´ der Leistungserstellung weitgehend überlassen. Die Festlegung des Handlungsrahmens und die Zuordnung der Verantwortlichkeiten sollten mit dem Ziel erfolgen, eine Deckung von Fach-, Kompetenz und Ressourcenverantwortung zu erreichen. Die den Handlungsspielraum und damit die Rechte und Pflichten des Auftragnehmers beeinflussenden Rahmenbedingungen und Zielvorgaben können sich beziehen auf:

- landes- und bundesgesetzliche Grundlagen (auch das Haushaltsrecht),
- zentrale Vorgaben und Ziele im Bereich der Personalwirtschaft und -entwicklung,
- zentrale Vorgaben und Ziele zu Informations- und Kommunikationsstandards,
- Gewährleistung technischer Standards und ausreichender Geräteausstattung,
- fachpolitische Rahmenvorgaben (z.B. durch Zielkatalog des Regierungsprogramms),
- zentral und intern vereinbarte Regelungen zu Ausmaß und Dezentralisierungsgrad der Ressourcenverantwortung (verantwortliche Entscheidung über Personal-, Sach- und Fachausgaben),
- vereinbarte Vorgaben bzw. Handlungsspielräume zur Art der Leistungserbringung (z.B. Arbeitszeitmanagement, Öffnungszeiten, Umsetzungsstrategien, interne Prozessoptimierung, Therapiemethoden).

Ob alle Rahmenbedingungen in den Leistungsvereinbarungen aufgeführt werden müssen oder ob eine Generalklausel reicht, ist im Einzelfall zu prüfen.

Laufzeit, besondere Auflösungsgründe und übergeordnete Eingriffsrechte

Die Gültigkeitsdauer der Leistungsvereinbarung muss benannt sein. Aus Gründen der Überschaubarkeit, Planungssicherheit und Wirtschaftlichkeit wird die Vertragslaufzeit in der Regel ein Haushaltsjahr umfassen.

Denkbar sind aber auch unterjährige Vereinbarungen, mehrjährige Vereinbarungen (z.B. Doppelhaushalt) und Dauervereinbarungen, die sich bei geringem Verhandlungs- und Regelungsbedarf automatisch verlängern.

Auf jeden Fall sollte eine Öffnungsklausel auf besondere Auflösungsgründe bzw. auf die Notwendigkeit zur Nachverhandlung hinweisen. Dabei ist konkret anzugeben, wie die Vereinbarungen modifiziert oder gekündigt werden können, welches Nachbesserungsverfahren einzuhalten ist, ob der Arbeitnehmer Sanktionsmöglichkeiten besitzt und wenn ja, welche.

Bei kurzfristig erforderlichen Anpassungsmaßnahmen haben insbesondere Funktionsträger mit einem hohen Grad politischer Gesamtverantwortung die Pflicht, erforderliche Umsteuerungsprozesse in Gang zu setzen, die vom Weg der Leistungsvereinbarung abweichen können.

Überprüfbarkeit von vereinbarten Zielen und Leistungen

Um vereinbarte Ziele und Leistungen messen und überprüfen zu können, empfiehlt sich die Orientierung der entsprechenden Kontraktbestandteile an steuerungsorientiert aufbereiteten Produktbeschreibungen.

Die Qualität des kundenbezogenen Produktinhalts ist dabei durch Festlegung entsprechender Produktstandards stets sicherzustellen. Basierend auf den Produktbeschreibungen und Zielen der Leistungserbringung sollte es in den Vereinbarungen zu konkreten Leistungsabsprachen - den eigentlichen Vereinbarungsgegenständen - kommen.

Die Absprachen sollten **präzise, eindeutig und widerspruchsfrei** formuliert werden. Hierbei gilt zu bedenken, dass die genannten Dimensionen der Leistungserbringung voneinander abhängig sein können.

Nicht alle Dimensionen sind als Bestandteil konkreter Absprachen für alle Leistungsbereiche gleich gut geeignet. Wo Angaben zu einem konkreten Leistungsumfang nur schwer möglich sind oder keinen Sinn ergeben, ist umso größeres Gewicht auf die Feststellung der zu erbringenden Leistungsqualität zu legen.

Wenn aufgrund des Arbeitsgebietes `harte Fakten´ nur schwer zu ermitteln sind, sollte versucht werden, `weiche´ Zieldimensionen bzw. Indikatoren festzulegen.

Nur mit einer möglichst genauen Qualitätsdefinition kann der Zusammenhang zwischen Aufwand und Ergebnis bzw. Zielerreichungsgrad hergestellt werden.

Welche Kriterien geeignet sind, über die Qualität des Handelns Rechenschaft zu geben, ist nach deren erstmaliger Bestimmung immer wieder zu hinterfragen. Ein Wechsel der Kriterien kann aus einem Wandel der Kundenansprüche resultieren oder sich auch aus Änderungen der politischen Zielvorstellungen ableiten.

Notwendigkeit von Kennzahlen als Qualitäts-, Quantitäts- und Wirkungsmaßstab der Zielerreichung

Leistungsvereinbarungen müssen Kennzahlen als Qualitäts-, Quantitäts- und Wirkungsmaßstab der Zielerreichung enthalten. Sie sind kein Selbstzweck, sondern sollten so gebildet werden, dass sie für die fünf oben genannten Zieldimensionen Menge, Zeit, Qualität, Wirkung und Kosten die Leistungserbringung in geeigneter Weise abbilden sowie Soll-Ist-Vergleiche ermöglichen.

Die Auseinandersetzung mit der Bildung sinnvoller, zielorientierter Kennzahlen und Indikatoren stellt hohe Anforderungen an die Beteiligten und setzt klar formulierte Ziele mit operationalisierten Teilzielen voraus.

Zu klären sind dabei folgende Fragen:

Welche Kennzahlenart ist für den jeweiligen Zweck am ehesten geeignet?

Quantitätskennzahlen (absolute Zahlen, Fallzahlen, Differenzen), Verhältniszahlen (Beschreibung der Leistungsqualität durch relative Kennzahlen, z.B. durchschnittliche Bearbeitungsdauer pro Fall), Indexzahlen (Entwicklungsdaten im Zeitverlauf, Basiszahl = 100), Kostenkennzahlen (z.B. Ausgaben pro Leistungsempfänger, Anteil Personalkosten an den Gesamtkosten), Vergleichskennzahlen (z.B. interkommunaler Leistungsvergleich).

Welche der möglichen Zieldimensionen sollen abgebildet und müssen alle abgebildet werden oder sind Beschränkungen sinnvoll?

Welcher Bezugspunkt ist zu wählen, z.B. Veränderung gegenüber dem Status quo, ergebnis-, wirkungs- oder prozessorientiert?

Welche Ausprägungen sind sinnvoll?

Es sollten keine unklaren, extremen Zielformulierungen wie `maximal´ oder `minimal´ ohne Angabe der zahlenmäßigen Begrenzung gewählt werden.

Nach Prüfung der in Frage kommenden Kennzahlen auf ihre Eignung für Steuerungszwecke und auf realistische Möglichkeiten der Datenerhebung (Aufwand/Ertrag) werden in den Kontrakten die in das Berichtswesen aufzunehmenden Kennzahlen festgelegt. Sie sollen als Messzahlen/Indikatoren der definierten Zielerreichung dienen und bei Zielabweichungen Hinweise für Handlungsbedarfe aufzeigen sowie als (nicht unmittelbar beeinflussbare) Orientierungszahlen oder statistische Hintergrundzahlen darüber hinausgehend in das Berichtswesen einfließen, um Hintergrundinformationen oder die Einordnung in größere Zusammenhänge transparent zu machen.

Umfang, Art und Häufigkeit der Berichtspflicht

Umfang, Art und Häufigkeit der Berichtspflicht müssen eindeutig geregelt sein. Im Einzelnen sollten in den Leistungsvereinbarungen Absprachen getroffen werden zu

Berichtsarten:
- Produktberichte,
- Produktgruppenberichte,
- Produktbereichsberichte,
- Kostenstellenberichte,
- Berichte über fachliche Schwerpunktsetzungen/Projekte,

Berichtsinhalten:
- konkrete Zielsetzungen in der Planungsperiode,
- zielorientierte Kennzahlen und Indikatoren,
- darzustellender Leistungsumfang,
- zur Verfügung gestellte Ressourcen,

Berichtswegen:
- Berichterstatter, -empfänger,
- Einbeziehung dezentraler und/oder zentraler Steuerungsdienste in die Berichterstattung,

Häufigkeit und Zeitpunkt der Berichterstattung:
- Berichtsfrequenzen,
- Zeitpunkte der Vorlage,

Kompetenzen und Verantwortlichkeiten im Zusammenhang mit der Berichterstattung für:
- Berichterstattung,
- Datenerhebung und -aufbereitung,

Konsequenzen bei Abweichungen:
- Abweichungsanalysen,
- Wann sind Abweichungen berichtspflichtig?
- Unter welchen Umständen sind Sonderberichte notwendig?

Konfliktregelungsmechanismen, Anreize und Sanktionen

Sinn des Kontraktmanagements ist es u.a., durch Erweiterung von Handlungs- und Entscheidungsspielräumen Leistungsanreize zu liefern.

Beschäftigte, die vereinbarte Ziele weitgehend selbständig und eigenverantwortlich erreichen, werden dies als befriedigend empfinden und sich mit höherem Engagement für die Optimierung von Geschäftsprozessen und ihre Leistungsabnehmer einsetzen.

Gleiches wird auch für ganze Organisationseinheiten gelten, die mit einem Steuerungsprinzip arbeiten, bei dem Aufgabe, Kompetenz und Verantwortung zusammengeführt sind. Zu erwarten ist, dass sich hier eine identitätsstiftende „Corporate Identity" herausbilden und der Zielprozess der „lernenden Verwaltung" gefördert wird.

4. Instrumente und Checklisten für das strategische Controlling

4.1. Übersicht

Strategisches Controlling befasst sich mit der Informationsversorgung und Unterstützung von Führungskräften bei strategischen Entscheidungen. Dabei befasst es sich mit den mittel- und langfristigen Entwicklungspotenzialen einer Organisation und kann sich z.B. auf die folgenden typischen Problemstellungen beziehen:

- Was sind die strategischen Ziele der Organisation? In welcher Gewichtung stehen sie zu einander?
- Wie soll das zukünftige Angebotsspektrum aussehen? Wie verändert sich die Nachfrage? Wie verändern sich der Markt und die Konkurrenzlage?
- Wie soll sich zukünftig das Verhältnis von Eigenleistung und Fremdbezug von Leistungen gestalten? Wie sollen die Kooperationen entlang der Supply Chain entwickelt werden?
- Im öffentlichen Sektor stellt sich intensiv die Frage, ob Leistungen zukünftig sinnvoll in anderer Organisations- und Rechtsform erstellt werden sollen (z.B. Eigenbetriebe, Anstalt öffentlichen Rechts oder Kapitalgesellschaften und die damit verbundenen unterschiedlichen Perspektiven der Privatisierung von Leistungen).
- Welche Strategien sind sinnvoll in Bezug auf Personalentwicklung und -bedarf, IT-Konzeptionen, um räumliche und logistische Aspekte zu verfolgen?

Die strategischen Instrumente des Controllings sollen u. a. dazu beitragen, die vorgenannten Problemstellungen zu lösen.

4.2. Szenario-Technik

Die Szenario-Technik lässt sich sinnvoll in Bereichen anwenden, in denen es die Leistungsersteller mit kontinuierlichen Veränderungen von Nachfragedaten in großem Stil zu tun haben, die sich mittelfristig erheblich auf den Umfang und die geforderte Qualität von Leistungsangeboten auswirken werden. (Beispiel: Die Prognose zukünftigen Bedarfs an Lehrpersonal für Schulen in Abhängigkeit von Grundtrends bei Schüler- und Absolventenzahlen).

Die Vorgehensweise bei der Szenario-Technik ist von folgenden Schritten geprägt:

1) Festlegen der strategischen Zielsetzung.
2) Definition der entscheidenden Parameter, die die Zielerreichung beeinflussen.
3) Definieren einer Anzahl von Szenarien aus möglichen Parameter-Konstellationen in der Zukunft.
4) Wenn möglich, Zuordnung unterschiedlicher Eventualitäten zu den einzelnen Szenarien.
5) Aus den Szenarien-Basisdaten und den Parametern werden eine Reihe unterschiedlicher Konsequenzen für die Zielgröße (hier: Bedarf an Lehrpersonal) errechnet. Sind Wahrscheinlichkeiten zugeordnet, kann entsprechend für jede Zielgrößenausprägung eine Wahrscheinlichkeit zugrunde gelegt werden.
6) Für die am wahrscheinlichsten ausgeprägten Zielgrößen, gemessen an den aufgestellten Szenarien, wird ermittelt, ob diese der strategischen Zielsetzung entsprechen oder ob strategischer Steuerungsbedarf besteht (z.B. bei vorhersehbarer zu geringer oder zu großer Klassenstärke).
7) Ausarbeitung der entsprechenden Strategien und Ableiten von Maßnahmen (z.B. Akquisition von Lehramtsstudierenden oder Schaffung von Anreizen, andere Einsatzfelder für Absolventen zu nutzen).

Ein Tableau für die Anwendung der Szenario-Technik kann wie folgt aussehen:

Kap. 4.2, Bild 1: Tableau Szenario-Technik

Nr.	Szenarien 2030			
	Lehrkraft-Angebot (LA)	Schülerbestand (SB)	Klassengröße	W
1	10.000 (W: 45)	200.000 (W: 10)	20 25 (kritisch) 30	4,5 36 4,5
2	15.000 (W: 15)	250.000 (W: 80)	13,3 16,7 20	1,5 12 1,5
3	20.000 (W: 40)	300.000 (W: 10)	10 12,5 15	4,0 32 4,0
				100

Strategische Zielsetzung: Klassenstärke pro Lehrkraft max. 20 SchülerInnen
W= Eintrittwahrscheinlichkeit in %

Ergebnis: Die wahrscheinlichsten Prognosewerte führen zu nicht akzeptablen Klassengrößen. Es besteht Handlungsbedarf!

4.3. Portfolio-Technik

Diese Methode wird im Bereich strategischer Planung und Prioritätenfindung eingesetzt. Durch die visuelle Einordnung der Einzelobjekte (z.B. Verwaltungsprodukte) in eine 4-Feld-Matrix werden Prioritäten und Strategien abgeleitet. Voraussetzung ist, dass die Objekte im Vorfeld klar abgegrenzt und nummeriert worden sind und die jeweils entscheidenden zwei Grundkriterien zur Entscheidungsfindung benannt sind. Sie finden sich dann als Benennung der Achsen des Portfolio-Systems wieder. In möglichst gemeinsamer und moderierter Sitzung von Führungskräften wird dann eine Einordnung der Objekte in die Portfolio-Matrix vorgenommen und abschließend für die Objekte eines Quadranten Normstrategien und Prioritäten entwickelt.

Die Vorgehensweise bei der Portfolio-Technik ist von den folgenden Schritten geprägt:

1) Information der beteiligten Führungskräfte über das Verfahren
2) Abgrenzen der Objekte
3) Entscheidung über die Grundkriterien
4) Ermitteln von Daten zu den Objekten
5) Durchführen der Portfolio-Einordnung in Führungskräfte-Sitzung
6) Ableiten von Normstrategien und Prioritätensetzungen
7) Gegebenenfalls mehrstufiges Anwenden der Portfolio-Technik
8) Dokumentation der Ergebnisse

Eine Portfolio-Matrix kann im Ergebnis wie folgt aussehen:

Kap. 4.3, Bild 1: Portfolio-Matrix

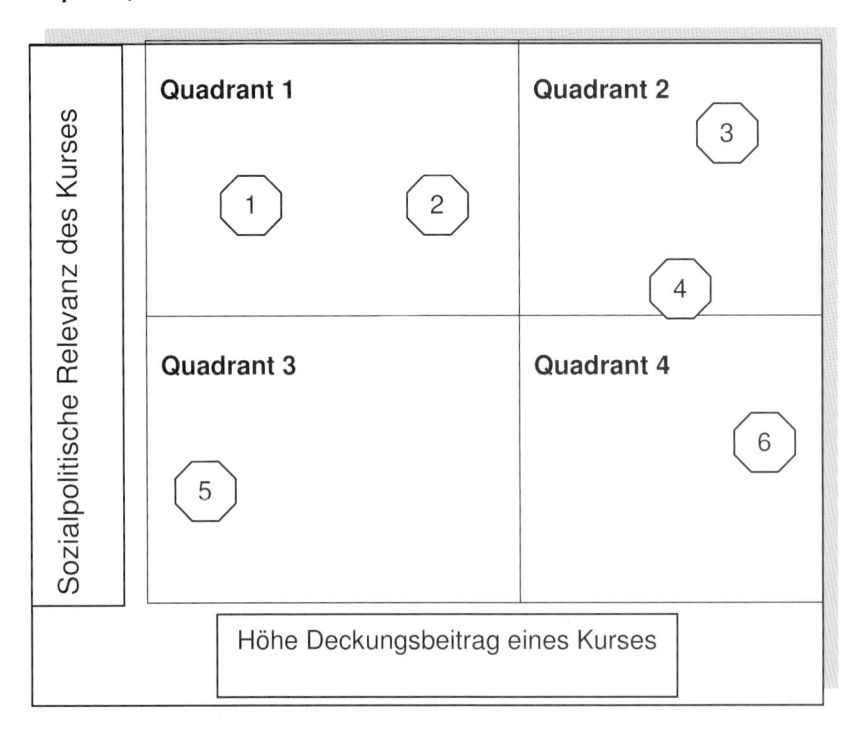

```
                    |  Quadrant 1        |  Quadrant 2
 Sozialpolitische   |                    |              3
 Relevanz des Kurses|     1      2       |
                    |                    |        4
                    |--------------------|-------------------
                    |  Quadrant 3        |  Quadrant 4
                    |                    |              6
                    |     5              |
                              Höhe Deckungsbeitrag eines Kurses
```

Im vorliegenden Fall sind die folgenden Strategien für die Objekte (Kurstypen) der einzelnen Quadranten denkbar:

Quadrant 1: Sichern der Kurstypen und Finanzierung akquirieren
Quadrant 2: Weiter ausbauen, fördern
Quadrant 3: Diese Kurstypen sofort streichen
Quadrant 4: Selektiv fördern u. zur Querfinanzierung von Quadrant 1 nutzen

Bei der Anwendung der Portfolio-Technik sollte stets darauf geachtet werden, dass sie nur zur Ableitung strategischer Schwerpunktsetzungen, nicht jedoch zur Klärung operativer Maßnahmen sinnvoll ist. Eine Achsenskalierung des Portfolio-Systems wird daher in der Regel nicht notwendig.

4.4. Balanced Scorecard

Das Instrumentarium der Balanced Scorecard (Ausbalancierte Kennzahlenkarte) dient dazu, eine Organisation ganzheitlich – unter vier Perspektiven – bei Verzahnung der strategischen mit unterstützenden operativen Zielen und Maßnahmen zu steuern.

Die vier klassischen Perspektiven sind:

1) Die Kundenperspektive
2) Die Finanzperspektive
3) Die Prozessperspektive
4) Die Potenzial- oder Mitarbeiterperspektive

Diese Perspektiven können individuell angepasst oder ergänzt werden.

Im Rahmen der Erarbeitung der Inhalte einer Balanced Scorecard steht die Formulierung von Anforderungen aus den genannten Perspektiven bei der inhaltlichen Betrachtung am Anfang. Dabei ist es von besonderer Bedeutung, diese Perspektiven zunächst gleichrangig zu berücksichtigen und das so entstehende Zielsystem einer kritischen Ursache-Wirkungs-Analyse zu unterziehen, um Wechselwirkungen zwischen den einzelnen Zielen berücksichtigen zu können.

Die Vorgehensweise bei der Erarbeitung einer Balanced Scorecard ist von den folgenden Schritten geprägt:

Kap. 4.4, Bild 1: Vorgehensweise Balancedcorecard

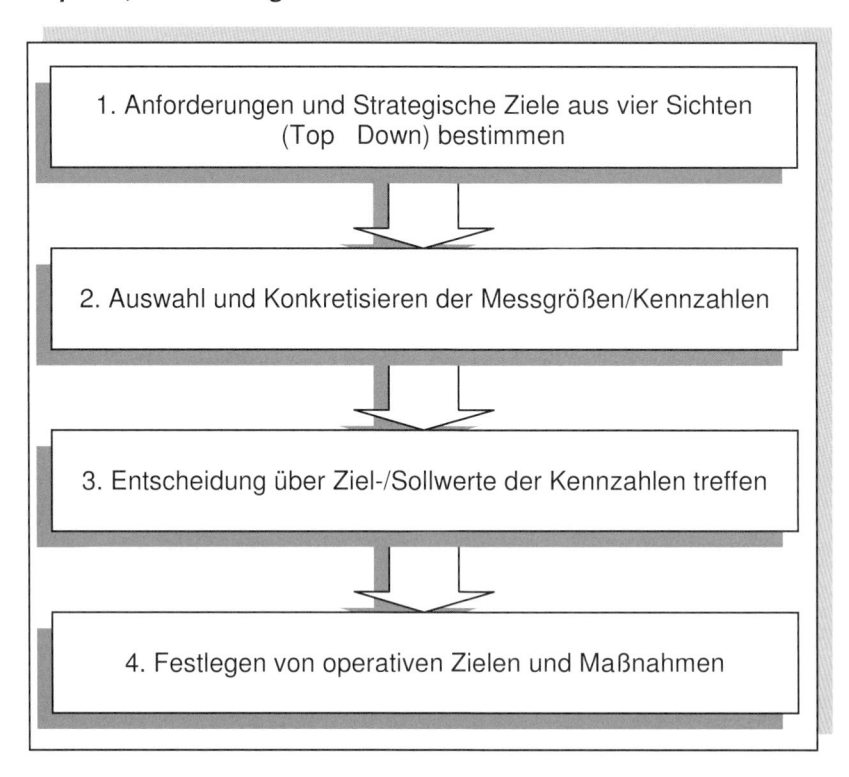

1. Anforderungen und Strategische Ziele aus vier Sichten (Top Down) bestimmen

2. Auswahl und Konkretisieren der Messgrößen/Kennzahlen

3. Entscheidung über Ziel-/Sollwerte der Kennzahlen treffen

4. Festlegen von operativen Zielen und Maßnahmen

Ein Formular für die Dokumentation der erarbeiteten Inhalte einer Balanced Scorecard ist nachfolgend dargestellt.

Kap. 4.4, Bild 2: Formular Balanced Scorecard

BSC: Formular		Geltungsbereich	Seite von	
Betroffene Leistungen/Produkte:				
Stand/Version:				
Verantwortlich:				
Nr.	Sicht	Strat. Ziel	Kennzahl	Soll-Wert	Maßnahme

Bei der Anwendung der Balanced Scorecard ist stets darauf zu achten, dass die Erarbeitung streng hierarchisch erfolgt - von der obersten Leitung beginnend. Dies und die Einführung der Balanced Score nehmen einen nicht geringen Zeitaufwand in Anspruch und sollten – im Sinne der Effizienz - im Rahmen des Projektmanagements erfolgen.

Der besondere Vorteil der Balanced Scorecard besteht in der Ausgewogenheit der Blickwinkel. Aus diesem Grund bietet sie besondere Chancen der Motivierung und Mobilisierung der Beschäftigten im Hinblick auf dieses Instrument und die resultierenden Ziele und Maßnahmen.

4.5. Nutzwertanalyse

Die Nutzwertanalyse eignet sich als Instrument zur strategischen Entscheidungsfindung zwischen mehreren Alternativen zur Lösung eines Problems.

Typische Anwendungsfelder sind zum Beispiel die Entscheidung zwischen verschiedenen Organisations- und Rechtsformen für eine zukünftige Leistungserstellung bei Outsourcing-Überlegungen oder zwischen verschiedenen Software-Lösungen und damit verbundenen Angeboten.

Voraussetzung ist, dass zunächst die Alternativen präzise definiert, transparent und vergleichbar dargestellt wurden.

Das Prinzip der Nutzwertanalyse besteht darin, die Entscheidung von einer Reihe durchaus unterschiedlicher, z.B. wirtschaftlicher und qualitativer, Kriterien abzuleiten. Diese werden gewichtet und quantifizierbar gemacht, um für jede Alternative einen Nutzwert zu ermitteln. Die Wahl fällt auf die Alternative mit dem höchsten Nutzwert.

Die Vorgehensweise im Rahmen einer Nutzwertanalyse lässt sich wie folgt zusammenfassen:

Kapitel 4.5, Bild 1: Vorgehen bei einer Nutzwertanalyse

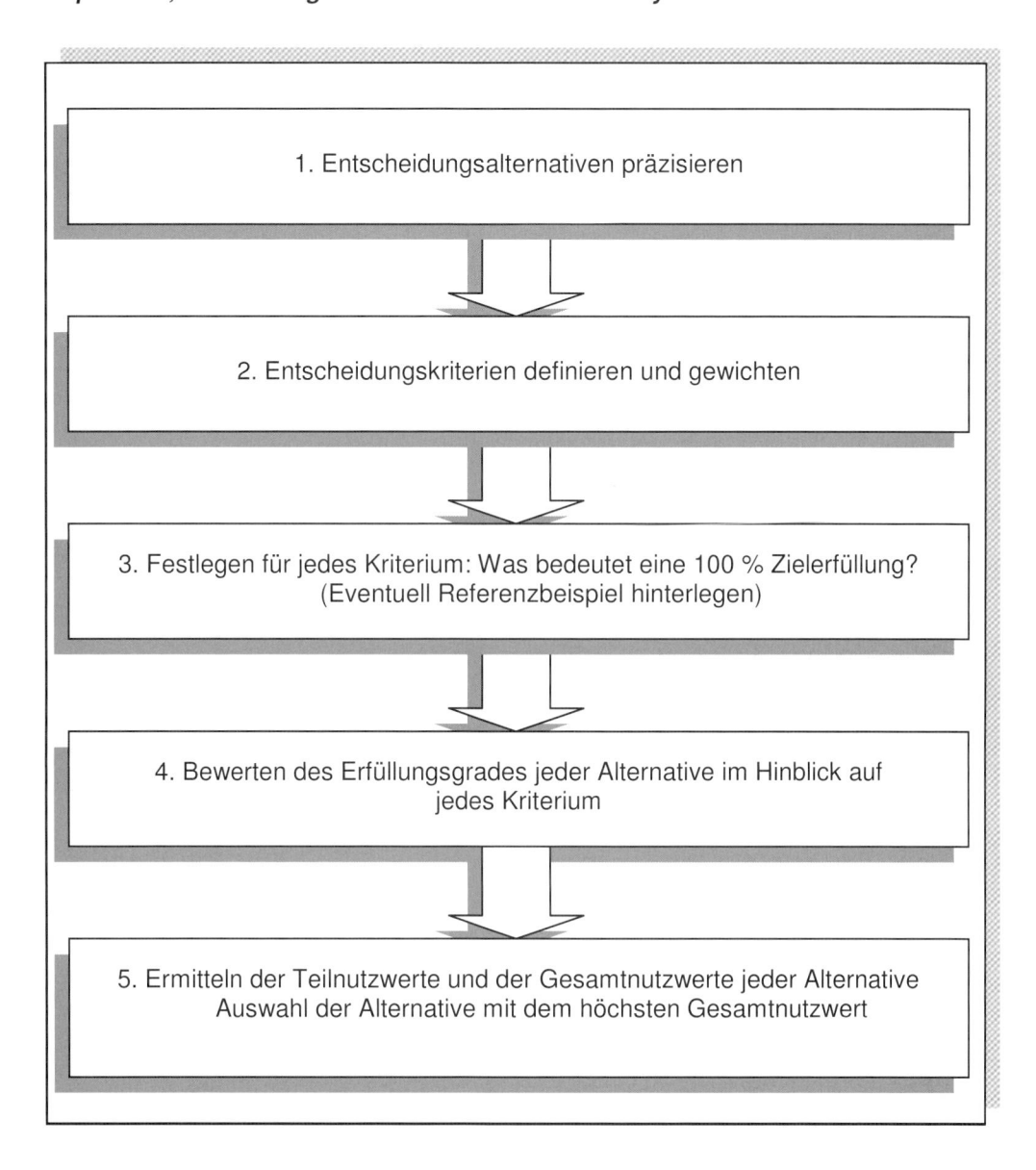

1. Entscheidungsalternativen präzisieren

2. Entscheidungskriterien definieren und gewichten

3. Festlegen für jedes Kriterium: Was bedeutet eine 100 % Zielerfüllung? (Eventuell Referenzbeispiel hinterlegen)

4. Bewerten des Erfüllungsgrades jeder Alternative im Hinblick auf jedes Kriterium

5. Ermitteln der Teilnutzwerte und der Gesamtnutzwerte jeder Alternative Auswahl der Alternative mit dem höchsten Gesamtnutzwert

Im Folgenden ist ein Berechnungsschema für die Durchführung einer Nutzwertanalyse dargestellt:

Kapitel 4.5, Bild 2: Berechnungsschema Nutzwertanalyse

Nr.	Kriterium	Gewicht	Alternative 1		Alternative 2	
			Erfüllungsgrad	TNW *	Erfüllungsgrad	TNW *
1		10 %	80 %	8	100 %	10
2		5 %	50 %	2,5	50 %	2,5
3		15 %	40 %	6	50 %	7,5
4		20 %	100 %	20	80 %	16
5		25 %	100 %	25	90 %	22,5
6		10 %	90 %	9	100 %	10
7		15 %	100 %	15	50 %	7,5
	GNW *	100 %		85,5		76

* TNW = Teilnutzwert, * GNW = Gesamtnutzwert

Eine Nutzwertanalyse lässt sich zwischen beliebig vielen Alternativen durchführen. Im vorliegenden Fall würde man die Alternative 1 mit dem höheren Nutzwert auswählen.

Bei der Anwendung der Nutzwertanalyse ist stets darauf zu achten, dass eine Gewichtung der Kriterien bereits im Vorfeld der Bewertung durch die oberste Leitung vorgenommen wird. Hierdurch lässt sich vermeiden, dass die Ergebnisse der Nutzwertanalyse durch subjektive Einflüsse manipulierbar sind. Außerdem sollte de Bewertung der Erfüllungsgrade der Alternativen möglichst durch eine unabhängige Stelle innerhalb oder außerhalb der Organisation realisiert werden.

5. Instrumente und Checklisten für das operative Controlling

5.1. Controlling der Kosten, Kameralistik und Doppik

Die BürgerInnen beobachten die Staatsfinanzierung kritischer als je zuvor; vor allem, wenn es um den Umfang und Standard staatlicher, insbesondere kommunaler Leistungen geht, zumal die Kommunalpolitik unmittelbar erlebt wird. Unsere Verwaltung muss sich deshalb in ihren Leistungen zeitnah orientieren, sich den Gegebenheiten anpassen bzw. verändern und innerhalb ihrer Organisation schneller reagieren.

Die Ämter oder Leistungsbereiche der Verwaltung sollen möglichst große Produktgruppen denkbar umfassend bearbeiten und dezentral verantworten.

Die Fachbereiche werden sich auf ihr Kerngeschäft konzentrieren und zusätzliche Leistungen intern oder extern einzukaufen haben. So produziert man in der Verwaltung Querschnittsleistungen nur noch dort, wo sie aus strategischen Überlegungen heraus erhalten bleiben müssen.

Bei der Geschäftsprozessoptimierung ist ein Zustand anzustreben, bei dem sich je nach Situation Kosten durch eine hohe Zentralisierung einsparen lassen und finanziell sorgsame, dezentrale Mittelbewirtschaftung im Vordergrund steht. Doch vor allem darf nicht aus den Augen verloren werden, dass die Verwaltung nicht Selbstzweck, sondern Dienst am Bürger bedeutet und sich überwiegend aus Steuergeldern finanziert.

Aufgrund der immer knapper werdenden Mittel muss der Umbau der Verwaltung so gesteuert werden, dass der Standard der öffentlichen Leistungen und Produkte nicht eingeschränkt scheint, sondern sich infolge organisatorischer Maßnahmen und ohne Ausweitung des Stellenplans im Sinne einer bürgerorientierten Verwaltung sogar noch steigern und verbessern lässt.

Nicht vorherseh- oder kalkulierbare Schwierigkeiten sind vorprogrammiert, sollten aber nicht zu Resignation führen, sondern kritik- und fehlertolerantes Konzipieren und zielgerichtetes Handeln in den Vordergrund rücken.

Ziel muss neben Effizienz und Kostentransparenz die qualitative Verbesserung der Serviceleistung für die Einwohner und Bürger durch eine verstärkte Kundenorientierung sein. In den nächsten Jahren wird es keine Behörde mehr geben, die sich nicht in irgendeiner Art und Weise im Sinne der neuen Steuerungsmodelle reformiert.

Die **Einführung neuer Steuerungsmodelle auf Basis der Finanzbuchhaltung** sollte jedoch nicht als Modetrend, den es mitzumachen gilt, verstanden werden. Die neuen Steuerungssysteme besitzen nicht den Status eines „Allheilmittels". Vielmehr gilt es, die Motivation und Bereitschaft aller Beteiligten, also der Bürger, der Mandatsträger, der Bediensteten und der Verwaltungsspitze positiv zu nutzen, um möglichst viele der gesteckten Ziele zu erreichen. Gegen mehr oder weniger stark ausgeprägte Vorbehalte und Widerstände gegen Modernisierungsmaßnahmen, die letztendlich die Umsetzung erschweren und den Erfolg gefährden könnten, sind geeignete Methoden und Maßnahmen zu finden.

Die Finanzbuchhaltung muss im Rahmen des neuen Steuerungsmodells als Basis für ein darauf aufbauendes Kosten- und Leistungsrechnungssystem und ein wiederum darauf aufbauendes Controlling verstanden werden.

Hier sollte auf die zeitliche Abfolge Wert gelegt werden; die Finanzbuchhaltung bedeutet die Basis und den ersten Schritt bei Einführung einer funktionsfähigen Kosten- und Leistungsrechnung, die wiederum die zeitliche und sachliche Notwendigkeit bildet für das auf diesen Daten aufgebaute Controllingsystem.

Die Verwaltungsmodernisierung gestaltet sich als ein langfristiger, von kritischer Selbstreflexion begleiteter permanenter Entwicklungsprozess.

Notwendige Reformen des Rechnungswesens in der öffentlichen Verwaltung

Die ökonomischen, ökologischen und sozialen Rahmenbedingungen für die öffentliche Verwaltung änderten sich in der Vergangenheit – und werden sich in stärkerem Maße zukünftig ändern. Die angespannte Finanzsituation mit der Notwendigkeit einer Haushaltskonsolidierung zwingt insbesondere die Städte und Gemeinden sowie deren Eigenbetriebe seit Jahren zu Überlegungen, wie Haushaltsmittel einzusparen bzw. effizienter einzusetzen sind und was deren Verwendung nach außen hin transparenter erscheinen lässt.

Die öffentliche Verwaltung ist grundsätzlich in zwei Bereiche differenzierbar:

die **Eingriffs- oder Ordnungsverwaltung** zur Erfüllung der hoheitlichen Aufgaben;

die **Leistungsverwaltung** zur Durchführung von Leistungsgesetzen und als Anbieter von Gütern und Dienstleistungen für Einzelne oder für Bevölkerungsgruppen.

Die Ordnungsverwaltung als traditionelles Modell der öffentlichen Verwaltung ist im hoheitlichen Denken und Handeln auch im Bereich der Leistungsverwaltung bis in die jüngste Zeit hinein strukturell noch stark ausgeprägt.

Nahezu alle Verwaltungen haben in der Vergangenheit die Dienstleistungserstellung zu wenig betriebswirtschaftlich vorausschauend geplant und eher auf Anforderungen als auf wirtschaftliche Zwänge reagiert. Informationen über kommunale Leistungen lassen sich, weil oft unverständlich, schwer nachvollziehen und erfüllen nicht den gewünschten strukturierten Informationsbedarf, wie man ihn in großen Teilen der Wirtschaft als selbstverständlich erachtet. Stattdessen sind die finanziellen und personellen Kapazitäten nicht konkret benannt. Die Verwaltung wird nicht generell aufgrund von wirtschaftlichen Leistungszielen geführt, sondern über zur Verfügung gestellte Ressourcen.

Nicht zuletzt aufgrund eines gestiegenen Selbstbewusstseins einhergehend mit einem gesellschaftlichen Wertewandel, der dem Staat und seinen Einrichtungen zunehmend kritischer gegenübersteht, erwarten die BürgerInnen heute insbesondere von ihrer Verwaltung, dass sie weniger mit hoheitlichen Instrumenten arbeitet, sondern vielmehr die **betriebswirtschaftlich orientierte Dienstleistung** in den Vordergrund stellt.

Die Verwaltung soll diese Dienstleistungen darüber hinaus anbieten und zwar möglichst **kostengünstig** und **in wirtschaftlicher Hinsicht transparent** durch eine aus der Wirtschaft bekannte Finanzbuchhaltung.

Nicht zuletzt die Wünsche der Bediensteten nach mehr Eigenverantwortung und Gestaltungsmöglichkeiten machen es notwendig, die bisherigen Strukturen und Entscheidungsabläufe besonders im Rechnungswesen kritisch zu hinterfragen.

Die Reformbedürftigkeit der öffentlichen Verwaltung ist heute - nicht nur zuletzt im Hinblick auf das Bemühen um eine effiziente Mittelbewirtschaftung - unbestritten. Die fehlende Transparenz des kommunalen Leistungsangebots führt in Zeiten knapper werdender Haushaltsmittel insbesondere von Seiten der politischen Gremien dazu, die Finanzbuchhaltung / Doppik einzuführen, eine kaufmännische Buchhaltung, bei der die Kontenbuchung generell **SOLL an HABEN** erfolgt einschließlich der dazugehörigen Bestands- und Erfolgskonten. Der Abschluss erfolgt über **die Bilanz** und **die Gewinn- und Verlustrechnung (GuV-Rechnung)**.

Die **kaufmännische Buchführung** berücksichtigt im Gegensatz zur kameralistischen Buchführung den Werteverzehr über eine zeitliche Periode.

Die **Kosten- und Leistungsrechnung** als Nebenrechnung ist Teil des Rechnungswesens und baut auf der Finanzbuchhaltung auf. In vielen Kommunen dient sie allerdings zur Begründung von Gebühren und damit zur Einnahmenbeschaffung. Übergeordnetes Ziel bleibt aber die Wirtschaftlichkeit.

Die Kostenrechnung ist das innerbetriebliche Rechnungswesen zur Kalkulation der Kosten und Erlöse. Sie baut auf der Finanzbuchhaltung (Doppik) auf.

5.1.1. Formale Aspekte der Finanzbuchhaltung

Zweck

Der Zweck des Rechnungswesens besteht einerseits darin, der Leitung einer wirtschaftlichen Einheit jederzeit Informationen über die **Liquidität und Rentabilität** des Unternehmens geben zu können.

Andererseits ist die Informationsversorgung von Außenstehenden - meist Kapitalgebern, Aufsichtsorganen oder Steuerzahlern - sowie die Dokumentation des monetären Teils der wirtschaftlichen Einheit durch den Jahresabschluss (Bilanz, GuV, Anhang) Aufgabe des Rechnungswesens.

5.1.2. Wesen und Aufgabe der Finanzbuchhaltung

Geregelt wird die Finanzbuchhaltung weitgehend durch das Handelsrecht (HGB) sowie ergänzend durch das Steuerrecht und die Abgabenordnung (AO).

Aufgaben des „Finanz- oder Geschäftsbuchhaltung" (Doppik) genannten Teiles des Rechnungswesens sind

- die **zahlenmäßige Erfassung der Geschäftsvorfälle** zwischen dem Unternehmen und den Außenstehenden,
- die **Aufstellung des gesetzlich normierten Jahresabschlusses** einschl. Bilanz, Gewinn- und Verlustrechnung (GuV) und Lagebericht (§242 Abs.3, 284 ff, 288 HGB).

Grundsätzlich kann man die Finanzbuchhaltung als Zeitabschnittsrechnung ansehen, die für eine bestimmte Periode und das gesamte Unternehmen alle Zu- und Abgänge von Gütern erfasst.

Da im Jahresabschluss sämtliche, für die Beurteilung des Unternehmens relevanten Daten verarbeitet sind, stellt dieser die zentrale Informationsquelle für alle am Unternehmen interessierten Außenstehenden dar. Für die Unternehmensführung bedeuten diese Daten auch unterjährig eine wichtige Basis für Informationen zur Lage des Unternehmens.

5.1.3. Der Jahresabschluss

Den Jahresabschluss aus **Bilanz** sowie **Gewinn- und Verlustrechnung** aufzustellen, schreibt das Handelsgesetzbuch vor. Für Kapitalgesellschaften wird dieser noch um einen **Anhang** ergänzt. Der Jahresabschluss erfüllt somit Aufgaben wie

- die Dokumentation der Geschäftsvorfälle,
- die Rechnungslegung der Unternehmensführung gegenüber der am Unternehmen beteiligten Gruppen,
- die Ermittlung des möglichen auszuschüttenden Periodengewinns oder eines evtl. Verlustes.

Da der Jahresabschluss oftmals gegensätzliche Interessen vereinen soll - wie die der Unternehmensführung, der Eigentümer und des Staates - ist er gesetzlich normiert. Bestimmungen des HGB und die **Grundsätze ordnungsgemäßer Buchführung und Bilanzierung (GoB)** lassen einen Jahresabschluss objektiv und vergleichbar sein und geben damit einen allen Interessenten genügenden Einblick in

- die Vermögenslage und
- die Finanz- und Ertragslage des Unternehmens.

Kap. 5.1, Bild 1: Vermögens-, Finanz- und Ertragslage im Jahresabschluss

Bilanz	Gewinn- und Verlustrechnung	Lagebericht
• Vermögenslage • Liquiditätslage	• Ertragslage	• Erfolgspotentiale

Die **Ertragslage des Unternehmens** verdeutlicht sich durch die Gewinn- und Verlustdarstellung, die Finanzlage durch das Vorhandensein einer Liquidität (Cash oder kurzfristiger Forderungsbestand).

Die Vermögenslage stellt ein Bindeglied zwischen Gewinn, Liquidität und Erfolgspotential dar.

Das Erfolgspotential ist nicht unbedingt aus dem Jahresabschluss ersichtlich, wohingegen der bei Kapitalgesellschaften zusätzlich zu erstellende Lagebericht Aussagen trifft über zukünftige Erfolgsaussichten des Unternehmens sowie dessen Entwicklungsmöglichkeiten.

5.1.4. Erträge und Aufwendungen

Die alleinige Darstellung von Einzahlungen und Auszahlungen, die den Zahlungsmittelbestand verändern, würde die Erfolgsrechnung des Unternehmens nicht umfassend darstellen. So müssen in einer Erfolgsrechnung auch **Erträge** und **Aufwendungen** berücksichtigt werden, denn hierbei handelt es sich um erfolgswirksame Zahlungen, um Werteverzehr oder -entstehung einer Periode, und zwar zusätzlich zu den bisher unter Zahlungsmittelbestand (Ein-/Auszahlungen) definierten Werten.

Die Saldierung der Wertgrößen geschieht in der **zeitraumbezogenen Gewinn- und Verlustrechnung (GuV)**.

Im Gegensatz dazu handelt es sich bei der **Bilanz** um eine **zeitpunktbezogene** Betrachtung, in der die Vermögensgegenstände, die erst in späteren Perioden zum Erfolg führen, sowie sämtliche Kapitalbestände aufgezeichnet werden.

5.1.5. Die Buchhaltung

Die Eröffnungsbilanz

Die Bilanz, italienisch „La Bilancia" für Waage, bildet immer die Grundlage eines jeden Einstiegs in die Finanzbuchhaltung. Sie enthält eine Kontengegenüberstellung von

Vermögenswerten auf der linken Seite (Aktiva-Seite) und
Eigen- und **Fremdkapital** auf der rechten Seite (Passiva-Seite).

Die **Aktiva-Seite** wird auch Vermögensseite genannt. Sie stellt die **Mittelverwendung** des Kapitals des Unternehmens dar.

Die Passiva-Seite, Kapitalseite bezeichnet, zeigt die **Mittelherkunft** der Vermögenswerte eines Unternehmens.

Die Bilanz gibt darüber Auskunft, woher das Kapital eines Unternehmens stammt (Passiva-Seite) und wofür es eingesetzt wurde (Aktiva-Seite).

Die Summe der Passiva muss immer der Summe aller Aktiva-Positionen entsprechen.

Kap. 5.1, Bild 2: Aufbau einer Bilanz

Aktiva	Bilanz zum 31.12. des Jahres	Passiva
Anlagevermögen (AV)		Eigenkapital (EK)
Umlaufvermögen (UV)		Fremdkapital (FK)
Bilanzsumme der Aktiva		**Bilanzsumme der Passiva**

Die Gliederung der Aktiva in einer Bilanz erfolgt – ähnlich einer Rangordnung - von oben nach unten, und zwar in dem Maße, in dem die Liquidität steigt. Dabei bedeuten die untersten Positionen die Positionen, die am meisten liquide (flüssig) sind, wie z. B. Bankguthaben oder Kasse.

Bei der Gliederung der Passiva geht es um die Laufzeit der Verbindlichkeiten, wobei nach unten die Laufzeit abnimmt (kurzfristig), weshalb die absolut kurzfristigen Verbindlichkeiten aus Lieferungen von Lieferanten oder die Verbindlichkeiten gegenüber dem Finanzamt meist am Ende der Aufstellung stehen.

Die Bilanz stellt eine wichtige Informationsquelle für die Gläubiger und die Aufsichtsorgane dar und ist daher für jedes Unternehmen vorgeschrieben.

Die Bilanz ist zudem das erste Konto der Finanzbuchhaltung.

Bei einem Geschäftsvorfall müssen sich stets zwei Werte (Konten) der Bilanz ändern, damit deren Summe gleich bleibt. Man unterscheidet dabei vier Arten von Geschäftsvorfällen:

1. Aktiv-Tausch, d.h., es werden zwei Konten auf der Aktivseite durch den Geschäftsvorfall verändert. Die Bilanzsumme bleibt in diesem Fall gleich.
Beispiel: Kauf eines Pkws (Aktivkonto) mit Mitteln aus der Kasse (Aktivkonto).

2. Passiv-Tausch, d.h., es werden zwei Konten auf der Passivseite durch den Geschäftsvorfall verändert. Auch hier bleibt die Bilanzsumme gleich.
Beispiel: Umfinanzierung eines kurzfristigen Krediets (Kontokorrent) durch einen langfristigen Kredit (beides Passivkonten).

3. Aktiv-Passiv-Erhöhung, d.h., sowohl auf der Aktiv- als auch auf der Passivseite wird ein Kontowert steigen. Die Bilanzsumme erhöht sich daher (Bilanzverlängerung).
Beispiel: Aufnahme eines Kredites (Erhöhung des Passivkontos) und Gutschrift auf dem Bankkonto (Erhöhung des Aktivkontos).

4. Aktiv-Passiv-Minderung, d.h., sowohl auf der Aktiv- als auch auf der Passivseite wird ein Kontowert verringert. Die Bilanzsumme vermindert sich daher auch (Bilanzverkürzung).
Beispiel: Tilgung eines Darlehens durch Barmittel aus der Kasse (Verringerung beider Passivkonten).

Somit kann folgender Grundsatz festgehalten werden:

**Prinzip der doppelten Buchführung:
Jeder Geschäftsfall berührt stets zwei Posten (Konten) in der Bilanz.**

Buchen auf Bestandskonten

Die Wertveränderungen der einzelnen Bilanzposten werden über das Jahr auf den Bestandskonten festgehalten. Man unterscheidet nach

aktiven Bestandskonten (Vermögenskonten) und
passiven Bestandskonten (Kapitalkonten).

Auf diesen Konten wird, wie in Bild 3 dargestellt, gebucht:

Kap. 5.1, Bild 3: Buchungsregeln für Bestandskonten

Soll Aktiv -	Konto Haben
Anfangsbestand (AB)	
	Abgänge
Zugänge	

Soll Passiv -	Konto Haben
Abgänge	Anfangsbestand (AB)
	Zugänge

Folgende Buchungsregeln für Bestandskonten sind zu beachten:

1) Die **Anfangsbestände (AB)** werden bei Eröffnung des Kontos am Anfang des Jahres auf der Seite eingetragen, auf der sie in der Bilanz stehen (links oder rechts).
2) Die **Erhöhungen der Anfangsbestände (Zugänge)** werden auf der gleichen Seite des Kontos wie die Anfangsbestände gebucht. Bei einer Buchung ist stets das zweite von dem Geschäftsvorfall berührte Konto als Gegenkonto zu notieren.
3) **Minderungen (Abgänge)** bucht man auf der entgegen gesetzter Seite der Erhöhungen.
4) Für das **Schlussbilanzkonto (SBK)**, welches am Ende des Jahres zur Bilanzaufstellung und zum Abschluss der Jahreskonten eröffnet wird, erfolgt bei jedem Konto jeweils eine Abrechung. Hier muss bei jedem Konto auf der Soll- und der Haben-Seite der gleiche Betrag stehen. Um dies zu erreichen, wird auf der kleineren Seite der fehlende Betrag (Saldo) zum Ausgleich gutgeschrieben. Gegenkonto ist das SBK-Konto, in das man alle SBK-Buchungen auf den Bestandskonten genau auf der entgegen gesetzter Seite im Vergleich zu den Bestandskonten bucht. Als Gegenkonto wird das jeweilige Bestandskonto angegeben. Siehe dazu das nachfolgende Beispiel.

Beispiel für Bestandsbuchungen:

Bestandskonten für Hilfsstoffe (z.B. Salz/Streugut bei einer Kommune), Kasse und Kredit richtet man als T-Konten ein. In der Kasse sind am Anfang des Jahres € 5.000,- vorhanden, weiterhin existieren Hilfsstoffe mit einem Wert von € 9.000,-, und es besteht ein Kredit in Höhe von € 14.000,-. Die Konten werden wie folgt eröffnet:

Eröffnungsbuchungen zu Beginn des Geschäftsjahres:

Kasse

Soll		Haben
AB	5.000,-	

Hilfsstoffe

Soll		Haben
AB	9.000,-	

Kredit

Soll	Haben	
	AB	14.000,-

Da die Kasse und die Hilfsstoffe auf der Aktivseite der Bilanz stehen, werden hier die Anfangsbestände links gebucht, also im Soll. Beim Kredit ist es genau umgekehrt, da dieser auf der Passivseite der Bilanz steht.

Buchung der Geschäftsvorfälle während des Geschäftsjahres:

Es werden nun Hilfsstoffe im Wert von € 2.000,- in bar an eine andere Kommune verkauft.

Kasse

Soll		Haben
AB	5.000,-	
Hilfsstoffe	2.000,-	

Hilfsstoffe

Soll		Haben	
AB	9.000,-	Kasse	2.000,-

Kredit

Soll	Haben	
	AB	14.000,-

Der Kassenbestand hat sich um € 2.000,- erhöht, während der Hilfsstoffbestand um € 2.000,- geschrumpft ist (Aktivtausch).

Das Unternehmen beschließt nun, mit dem Geld aus der Kasse € 3.000,- des Kredites zu tilgen.

Kasse

Soll		Haben	
AB	5.000,-	Kredit	3.000,-
Hilfsstoffe	2.000,-		

Hilfsstoffe

Soll		Haben	
AB	9.000,-	Kasse	2.000,-

Kredit

Soll		Haben	
Kasse	3.000,-	AB	14.000,-

Hier ist sowohl der Kassen- als auch der Kreditbetrag verringert worden (Aktiv-Passiv-Minderung).

Jetzt soll der Abschluss der Konten zum Jahresende gemacht werden. Es wird ein neues Konto, das Schlussbilanzkonto (SBK), eingerichtet.

Abschlussbuchungen zum Ende des Geschäftsjahres:

Kasse

Soll		Haben	
AB	5.000,-	Kredit	3.000,-
Hilfsstoffe	2.000,-	SBK	4.000,-
	7.000,-		7.000,-

Hilfsstoffe

Soll		Haben	
AB	9.000,-	Kasse	2.000,-
		SBK	7.000,-
	9.000,-		9.000,-

Kredit

Soll		Haben	
Kasse	3.000,-	AB	14.000,-
SBK	11.000,-		
	7.000,-		7.000,-

SBK

Soll		Haben	
Kasse	4.000,-	Kredit	11.000,-
Hilfsstoffe	7.000,-		
	11.000,-		11.000,-

Alle Konten zeigen im Haben und im Soll den gleichen Betrag – sie sind ausgeglichen **(saldiert)**. Danach verbuchte man die SBK-Buchungen im SBK-Konto, und zwar jeweils auf der entgegen gesetzter Seite vom Bestandskonto.

Die Endbeträge unter Soll und Haben bei Kontenabschluss müssen stets doppelt unterstrichen sowie die Freiräume mit einer „Buchhalternase" gefüllt werden. Dadurch lässt sich ein nachträgliches Bebuchen der Konten verhindern.

Buchhalternase:

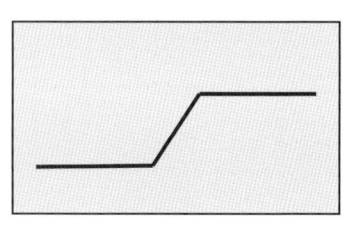

Nach Abschluss der Konten kann aus dem Schlussbilanzkonto die Schlussbilanz erstellt werden.

Die Buchung von Bestandskonten und die Erstellung des SBK kann man wie folgt schematisch darstellen (vgl. Bild).

Kap. 5.1, Bild 4: Schematische Darstellung der Bestandsbuchungen

```
                        Bestandskonten
                       /              \
              Aktivkonten          Passivkonten

        Soll    |   Haben          Soll    |   Haben
        AB      |   Abgänge        Abgänge |   AB
        Zugänge |   SBK            SBK     |   Zugänge

                        Schlussbilanz
                    Soll    |   Haben
                    Vermögen    Eigenkapital
                                Verbindlichkeiten
```

Fassen wir die **Schritte von der Eröffnungs- zur Schlussbilanz** während des Geschäftsjahres chronologisch wie folgt zusammen:

1) Bilanz am Jahresanfang erstellen (Eröffnungsbilanz)
2) Bestandskonten mit Anfangsbeständen eröffnen
3) Kontieren/Buchungssätze im Grundbuch
4) Buchen auf Bestandskonten im Hauptbuch
5) Konten abschließen (Saldieren)
6) Schlussbilanzkonto/Schlussbilanz erstellen

Der Buchungssatz

Die einzelnen Geschäftsvorfälle werden vor der Buchung auf den Bestandskonten im Hauptbuch sowie zusätzlich im Grundbuch (Journal) eingetragen, welches nachfolgend abgebildet ist:

Kap. 5.1, Bild 5: Form des Grundbuchs

Geschäftsvorfälle	Grundbuch		
	Buchungssatz	Soll	Haben

Folgende **Regeln für Buchungssätze** sind zu beachten (**Kontierung**):

Zuweisung betroffener Bilanzkonten zum Geschäftsvorfall.

Dabei berührt ein Beleg stets zwei oder mehr Konten, wobei ein Konto immer im Haben gebucht wird und das andere im Soll. Die Summe der Haben- und Sollbuchungen bei einem Beleg muss identisch sein.

Ein Buchungssatz besteht immer aus mindestens zwei Zeilen.

In der ersten Zeile erscheint das Konto, das auf der Sollseite durch den Geschäftsvorfall verändert wird. Die zweite Zeile dient der Aufführung des Kontos, das sich im Haben verändert. Dabei ist zu beachten, wo die Beträge bei Aktiv- bzw. Passivkonten gebucht werden.

Beispiel:
Ein in Höhe von € 200,- aufgenommenes Darlehen geht auf dem Bankkonto ein.

Darlehen bedeutet Verbindlichkeit und damit Passiv-Konto. Hier werden Zugänge auf der Haben-Seite gebucht. Der Kontostand erhöht sich ebenfalls. Da dies jedoch ein Aktivkonto ist, bucht man die Erhöhung auf der Soll-Seite. Damit sieht das Grundbuch folgendermaßen aus:

Grundbuch

Geschäftsvorfälle	Buchungssatz	Soll	Haben
Darlehen aufgenommen und an Bank ausgezahlt	Bank an Darlehen	200,-	200,-
Geschäftsvorfälle	**Buchungssatz**	**Soll**	**Haben**
Tilgung des Darlehens vom Bankkonto	Darlehen an Bank	200,-	200,-

Jetzt werden € 200,- von der Bank abgehoben und in den Kassenbestand gelegt.

Da beides Aktivkonten sind, wird die Erhöhung des Kassenguthabens im Soll und die Verringerung des Bankguthabens im Haben gebucht. Das Grundbuch sieht dann so aus:

Grundbuch

Geschäftsvorfälle	Buchungssatz	Soll	Haben
Darlehen aufgenommen und an Bank ausgezahlt	Bank an Darlehen	200,-	200,-
Auszahlung von Bank 200,- Geld in Kasse	Kasse an Bank	200,-	200,-

Wichtig ist stets, dass das Konto im Buchungssatz zuerst auftaucht, welches im Soll gebucht wird. Anstelle des „an" im Buchungssatz kann auch ein Schrägstrich verwendet werden. Man sollte das „an" nicht richtungweisend verstehen, sondern als Bindewort.

Es gibt folgende zwei Arten von Buchungssätzen:

Einfacher Buchungssatz
Zwei Konten werden berührt.

Zusammengesetzter Buchungssatz
Mehr als zwei Konten werden berührt, wobei gilt, dass die Summe der Sollbeträge gleich der im Haben ist.

Beispiel:
Eine Rechnung über Bauleistungen einer Kommune von € 6.000,- wird mit einem Scheck über € 2.000,- und € 4.000,- in bar in die Gemeindekasse beglichen.

Das Grundbuch würde hier folgenden Eintrag aufweisen:

Grundbuch

Geschäftsvorfälle	Buchungssatz	Soll	Haben
Bezahlung Rechnung (6.000,-) mit Scheck (2.000,-) und bar (4.000,-)	Verbindlichkeiten an Bank Kasse	6.000,-	 2.000,- 4.000,-

Hier verringern sich die Verbindlichkeiten in Höhe von € 6.000,- und werden (weil Passivkonto) im Soll gebucht. Bank und Kasse als Aktivkonten verringern sich ebenfalls, werden jedoch im Haben gebucht.

Im Geschäftsfall gibt man bei den Buchungssätzen meistens mit an, worum es sich bei dem Beleg handelt. Dies geschieht mit Hilfe von in der Finanzbuchhaltung vorgegebenen Abkürzungen (vgl. folgendes Bild).

Kap. 5.1, Bild 6: Abkürzungsverzeichnis für Belege

```
KB = Kassenbeleg
BA = Bankauszug
ER = Eingangsrechnung (vom Unternehmen noch zu bezahlen)
AR = Ausgangsrechnung (an das Unternehmen zu bezahlen)
SB = sonstige Belege
PA = Postbankauszug
```

Buchen auf Erfolgskonten

Alle bisher betrachteten Geschäftsvorfälle zeigten sich erfolgsunwirksam, d.h. der Betrieb verbuchte weder Gewinn noch Verlust. Der Erfolg wird dabei am **Eigenkapital (EK)** gemessen, wobei der Begriff „Erfolg" als Oberbegriff für „Gewinn und Verlust" steht.

Man unterscheidet 3 Erfolgsarten:
1) EK (01.01.) = EK (31.12.) neutraler Erfolg (Gewinn=0)
2) EK (01.01.) < EK (31.12.) positiver Erfolg (Gewinn>0)
3) EK (01.01.) > EK (31.12.) negativer Erfolg (Gewinn<0; also Verlust)

Demnach haben wir es mit **zwei Arten von Geschäftsvorfällen** zu tun:

1) **erfolgsunwirksame** Geschäftsvorfälle: EK bleibt unberührt
2) **erfolgswirksame** Geschäftsvorfälle: Erhöhung oder Minderung des EK

Beispiele für EK-Erhöhung und EK-Minderung sind Bild 7 zu entnehmen:

Kap. 5.1, Bild 7: EK-Erhöhung und EK-Minderung

EK-Erhöhung/Erträge (Reinvermögen wächst)	EK-Minderung/Aufwendungen (Reinvermögen nimmt ab)
Umsatzerlöse	Privatentnahmen
Zinserträge	Zinsaufwendungen
Mieteinnahmen	Mietzahlungen, Energie
Einbringung von Kapital des Gesellschafter	Abschreibungen
	Gehälter

Um nicht alle Buchungen, die das EK betreffen, auf das Eigenkapitalkonto zu buchen, zerteilt man es in Erfolgskonten, z.B. Mietaufwendungskonto, Mietertragskonto, Gehaltskonto, Zinsertragskonto. Sie heißen **Erfolgskonten**.

Eigenkapitalkonten unterscheidet man nach:

- Konten, die das EK erhöhen (Ertragskonten)
- Konten, die das EK verringern (Aufwandskonten)

Erträge werden auf diesen Konten im Haben und Aufwendungen im Soll gebucht. Am Ende des Jahres saldiert man sie, jedoch nicht mit dem SBK als Gegenkonto, sondern mit dem Gewinn- und Verlustkonto.

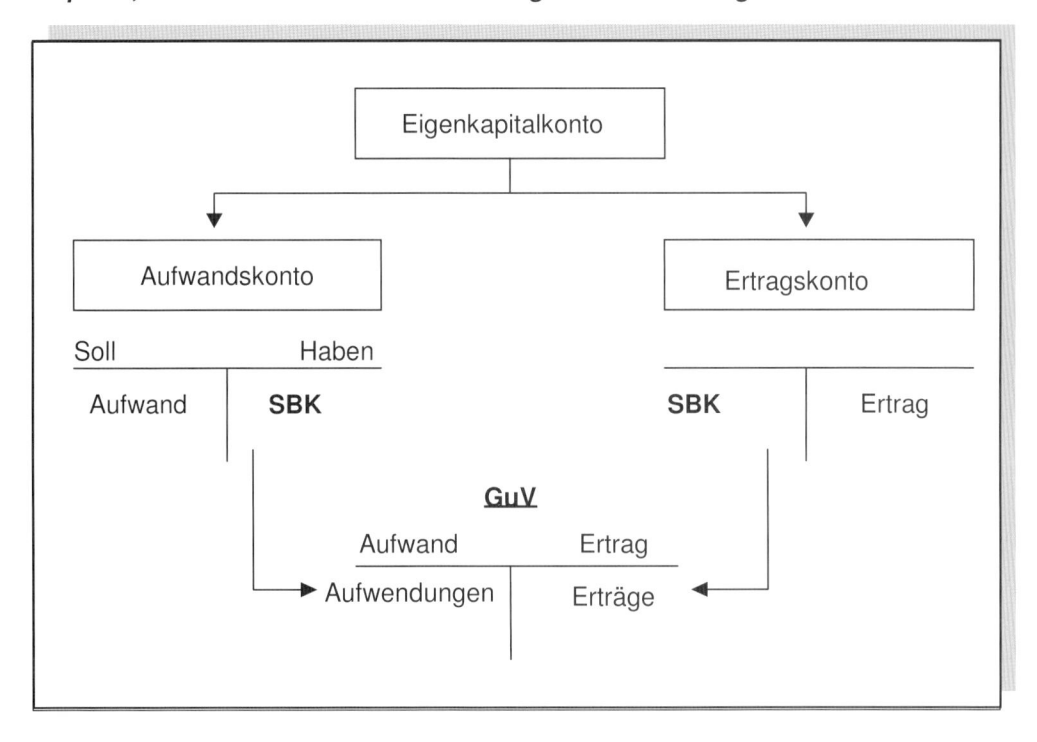

Kap. 5.1, Bild 8: Die Aufwands- und Ertragskontenbuchung

```
                    Eigenkapitalkonto
                   ↙              ↘
         Aufwandskonto          Ertragskonto
         Soll    |   Haben                
         Aufwand |   SBK         SBK  |  Ertrag
                        GuV
                 Aufwand     Ertrag
               → Aufwendungen  Erträge ←
```

Hier werden die Salden wieder auf der im Vergleich zur Erfolgskontenbuchung entgegen gesetzten Seite gebucht. Im Anschluss saldiert man das GuV-Konto. Das Gegenkonto ist jetzt das Eigenkapitalkonto. Steht der Saldo auf der Soll-Seite des GuV-Kontos, handelt es sich um einen „Gewinn", ergibt sich ein Saldo auf der Haben-Seite, handelt es sich um einen „Verlust".

Beispiel:
Als Erfolgskonten existieren Mietaufwendungen für ein Grundstück (z. B. Bauhof) und Zinserträge. Das Eigenkapitalkonto hat einen Anfangsbestand in Höhe von € 6.000,- zu Beginn des Geschäftsjahres.

EK-Konto

Soll	Haben
	AB 6.000,-

Mietaufwendungen		**Zinserträge**	
Soll	Haben	Soll	Haben

Die Erfolgskonten weisen zu Jahresbeginn Anfangsbestände nicht auf, da sie erst per Anfang des Geschäftsjahres eröffnet wurden.

Es treten nun folgende Geschäftsvorfälle auf:

1) Mietzahlungen in Höhe von € 4.000,- für den angemieteten Bauhof in bar
2) Zinserträge aus Bankguthaben von € 250,-

Der **erste Buchungssatz** lautet:

„**Mietaufwendungen an Bank**". Aufwendungen werden im Soll gebucht, die Verringerung des Kassenbestandes erfolgt im Haben – hier handelt es sich um ein Aktivkonto.

Für den **zweiten** Geschäftsvorfall gilt als **Buchungssatz**:

„Bank an Zinserträge".

Mietaufwendungen			Zinserträge	
Soll	Haben	Soll	Haben	
Kasse 4.000,-			Bank	250,-

Am Ende des Jahres erfolgt nun der Abschluss auf dem GuV-Konto:

Mietaufwendungen			Zinserträge	
Soll	Haben	Soll	Haben	
Kasse 4.000,-	GuV 4.000,-	GuV 250,-	Bank	250,-
4.000,-	4.000,-	250,-		250,-

GuV-Konto	
Soll	Haben
Miete 4.000,-	Zinsen 250,-
	Verlust (EK) 3.750,-
4.000,-	4.000,-

Bei der Saldierung des GuV-Kontos lässt sich der erwirtschaftete Verlust in Höhe von € 3.750,- ersehen. Dieser wird nun auf dem EK-Konto verbucht. Da es sich um einen Verlust handelt, geschieht dies im Soll.

EK-Konto

Soll		Haben	
GuV	3.750,-	AB	6.000,-
SBK	2.250,-		
	6.000,-		6.000,-

Dieses Konto fließt nun als passives Bestandskonto mit einem Saldo über € 2.250,- wieder in die Schlussbilanz ein.

Eine Erfolgsüberprüfung wird folgendermaßen möglich:
1) Vergleich des EK in der Bilanz zum 01.01. (€ 6.000,-) und zum 31.12. (€ 2.250,-)
2) GuV-Konto (€ 3.750,- Verlust)

Folgender **zeitlicher Ablauf** ist bei einer **Buchung von Bestands- und Erfolgskonten** einzuhalten:

1) **Bilanz per 01.01. aufstellen**
2) **Eröffnung der Bestandskonten mit Anfangsbeständen**
3) **Eröffnung der Erfolgskonten lt. Kontenplan**
4) **Kontieren (Buchungssätze bilden) im Grundbuch/Journal**
5) **Buchen im Hauptbuch**
6) **Erfolgskonten abschließen (GuV)**
7) **Gewinn/Verlust auf EK-Konto übertragen**
8) **Bestandskonten abschließen (SBK)**
9) **Schlussbilanz aufstellen**

Buchen auf Warenkonten

Der Verkauf von Waren oder Dienstleistungen ist der erfolgswirksamste Geschäftsvorfall für den Eigenbetrieb einer Kommune und dabei mit einem Umsatzerlös verbunden, der den um den Einkaufspreis bereinigten Rohgewinn (Warengewinn) ergibt.

Beispiel:
Eine Ware wird zu € 1.000,- (Einkaufspreis=EK-Preis) eingekauft und an den Kunden für € 2.000,- (Verkaufspreis=VK-Preis) verkauft.

Der Rohgewinn ist nun die Differenz zwischen EK-Preis und VK-Preis, d.h. € 1.000,-. Dieser bewirkt eine Erhöhung des Eigenkapitals. Als Wareneinsatz bezeichnet man in diesem Zusammenhang den Einkaufspreis der verkauften Ware.

Um den Kauf und Verkauf der Waren zu organisieren, führt man in der Buchhaltung drei Konten ein:

1) **Das Warenbestandskonto (WB)**
   Dieses Konto beinhaltet nur den Anfangsbestand an Waren und den Schlussbestand gemäß Inventur per 31.12. des Jahres, der dann auf dem SBK-Kto verbucht wird.
2) **Das Wareneingangskonto (WE)**
   Auf diesem (Aufwands-)Konto werden die Wareneinkäufe zu den EK-Preisen verbucht.
3) **Das Warenverkaufskonto (WV)**
   Auf dem eigentlichen Umsatzkonto werden die Warenverkäufe zu VK-Preisen gebucht.

Den Saldo auf Wareneingangs- und Warenverkaufskonto verbucht man beim Abschluss auf das GuV-Konto. Die Differenz zwischen Warenaufwand und Warenverkauf ist der Rohgewinn.

Als Reingewinn bezeichnet man am Ende den Rohgewinn abzüglich aller übrigen Aufwendungen und zuzüglich aller weiteren Einnahmen. Eine Bestandserhöhung der Waren ist erfolgt, wenn der AB am 01.01. einen niedrigeren Wert als der Schlussbestand lt. Inventur aufweist (Schlussbestand > AB).

Das bedeutet, dass in der Geschäftsperiode mehr Waren eingekauft als verkauft wurden.

Warenkonten bebuchen:

1) Anfangsbestand am 01.01. in das Bestandskonto im Soll eintragen
2) Alle Einkäufe während des Jahres auf das Wareneingangskonto zu EK-Preisen buchten
3) Alle Verkäufe im Warenverkaufskonto zu VK-Preisen buchen
4) Eintragung des Schlussbestandes lt. Inventur im Haben im Warenbestandskonto (Gegenkonto ist SBK)
5) Saldierung des Warenbestandskontos (Gegenkonto ist hier der Wareneingang)
6) Saldieren des WE- und des WK-Kontos über das Gegenkonto GuV mit anschließendem Abschluss der Kosten und Aufstellung der Schlussbilanz

Beispiel:

Warenbestand

Soll		Haben	
AB	10.000,-		

Wareneingang

Soll	Haben

Warenverkauf

Soll	Haben

Es werden nun Waren im Wert von € 10.000,- bar gekauft und Waren für € 20.000,- bar verkauft. Der Restbestand am Ende des Jahres ist € 5.000,-.

Warenbestand				Wareneingang			
Soll		**Haben**		**Soll**		**Haben**	
AB	10.000,-	SBK	5.000,-	Kasse	10.000,-		

Warenverkauf			
Soll		**Haben**	
		Kasse	20.000,-

Jetzt erfolgen die Saldierungen des Warenbestandskontos mit Gegenkonto WE (=vorbereitende Abschlussbuchung - hier: WE an WB), danach WE- und WK-Konto (siehe Darstellung nächste Seite).

Warenbestand			
Soll		**Haben**	
AB	10.000,-	SBK	5.000,-
		WE	5.000,-
	10.000,-		10.000,-

Wareneingang			
Soll		**Haben**	
Kasse	10.000,-	GuV	15.000,-
Bestand	5.000,-		
	15.000,-		15.000,-

Warenverkauf			
Soll		**Haben**	
GuV	20.000,-	Kasse	20.000,-
	20.000,-		20.000,-

GuV-Rechnung			
Soll		**Haben**	
WE	15.000,-	WV	20.000,-
Gewinn	5.000,-		
	20.000,-		20.000,-

Nach Abschluss aller Konten weist die GuV einen Gewinn von € 5.000,- aus.

Buchen auf Steuerkonten

In Deutschland gibt es auf alle Waren die sogenannte Mehrwertsteuer. Diese beträgt selten 7% (Zeitschriften, Lebensmittel), in der Regel jedoch 16%, wird auf alle verkauften Waren aufgeschlagen und ist somit im Kaufpreis enthalten. Sie besteuert den Wert, der einem Gut durch die Produktion hinzugefügt wurde, also den Mehrwert.

Auch Eigenbetriebe von Kommunen müssen sich dem Umsatzsteuerprinzip unterziehen, hingegen sind die hoheitlichen Leistungen einer Kommune umsatzsteuerbefreit. In der Regel gilt die Umsatzsteuerpflicht für alle Aktivitäten in eigenständigen GmbHs, wenn man diese in möglicher Konkurrenz zu Privatunternehmen betreibt.

Eine Rechnung sieht i.d.R. so aus:

	Warenkaufpreis:	1.000,- €	(Nettopreis = 100%)
+	Mehrwertsteuer:	190,- €	(19%)
=	Rechnungsbetrag:	1.190,- €	(Bruttopreis = 119%)

Im Rechnungswesen wird die Mehrwertsteuer **Umsatzsteuer** genannt. Die Unternehmen selbst zahlen diese jedoch nicht. Zudem gibt man Warenein- und Verkäufe stets zu Nettopreisen an. Dies macht es nötig, Steuerkonten einzurichten.

Kauft ein Unternehmen nun Waren, hat es die auf der Rechnung ausgewiesene Umsatzsteuer mitzubezahlen. Diesen Betrag erstattet das Finanzamt dem Unternehmen jedoch. Dazu werden die bezahlte Steuer auf einem Extra-Konto verbucht und nur der Nettobetrag dann auf dem Wareneingangskonto vermerkt. Dieses Extra-Konto heißt **Vorsteuerkonto**, da diese Steuer ja bereits durch das Unternehmen im Voraus geleistet wurde und demnach eine **Forderung gegenüber dem Finanzamt** besteht (daher ein Aktivkonto).

Verkauft das Unternehmen nun die Waren, schlägt es ebenfalls die Umsatzsteuer auf den Preis auf, darf sie jedoch nicht behalten, sondern führt sie an das Finanzamt ab.

Ein zweites Konto, das **Umsatzsteuerkonto**, wird eingerichtet. Beim Verkauf bucht man nur den Nettopreis auf das Warenverkaufskonto. Die Buchung der Umsatzsteuer erfolgt auf dieses zweite Steuerkonto, das ein Passivkonto bedeutet, da es eine **Verbindlichkeit gegenüber dem Finanzamt** darstellt.

Jeden Monat werden dann Vorsteuerkonto und Umsatzsteuerkonto miteinander verrechnet. Die Differenz ergibt die Zahllast gegenüber dem bzw. die Rückerstattung durch das Finanzamt. Bei einer Rückzahlung spricht man vom **Vorsteuerüberhang**.

Folgende Buchungssätze ergeben sich dadurch beim Kauf und Verkauf:

Vorgang	Buchungssatz	Soll	Haben
Warenkauf auf Ziel netto 1.000,- VSt 190,- brutto 1.190,-	Wareneingang Vorsteuer an Verbindlichkeiten	1.000,- 190,-	1.190,-
Warenverkauf auf Ziel netto 2.000,- USt 380,- brutto 2.380,-	Forderungen an Warenverkauf Umsatzsteuer	2.380,-	2.000,- 380,-

Deutlich zeigt sich, dass die Umsatzsteuer stets separat ausgewiesen wird. Vorsicht ist geboten, wenn Einkäufe und Verkäufe auf Ziel beglichen werden. Hier taucht die Umsatzsteuer nicht mehr auf, da sie ja bereits gebucht wurde, wie z.B. im vorher dargestellten Grundbuch.

Vorgang	**Buchungssatz**	**Soll**	**Haben**
Bezahlung einer ER bar netto 1.000,- VSt 190,- brutto 1.190,-	Verbindlichkeiten an Kasse	1.190,-	1.190,-
Begleichung einer AR bar netto 2.000,- USt 380,- brutto 2.380,-	Kasse an Forderungen	2.380,-	2.380,-

Da die Umsatzsteuer oben bereits bei der Buchung unter Verbindlichkeiten und Forderungen enthalten ist, führt man sie hier nicht mehr auf. Bei der Buchung auf Konten wird mit Umsatz- und Vorsteuer- wie mit allen Bestandskonten verfahren. Beim Abschluss wird jedoch das Vorsteuerkonto nicht mit dem SBK abgeschlossen, sondern mit dem Umsatzsteuerkonto. Das Saldieren des Umsatzsteuerkontos ergibt die Zahllast, die innerhalb des Jahres mit der Bank verrechnet (Umsatzsteuer an Bank) wird. Am 31.12. jedoch geht die Zahllast bei der Saldierung nicht an die Bank, sondern an das SBK auf der Passivseite unter dem Posten „sonstige Verbindlichkeiten", da das Geld ja erst am 10.01. fällig ist.

Buchen von Abschreibungen

Abschreibungen können auf das Anlagevermögen eines Betriebes vorgenommen werden und ermöglichen dem Unternehmen, Wertverluste (durch Nutzung, technischen Fortschritt, Beschädigung, außergewöhnliche Ereignisse, wie Feuer, Unfall, usw.) gegenüber dem Finanzamt geltend zu machen. Die Abschreibungen erfolgen jeweils zum 31.12. eines Jahres und sind auf einem gesonderten Konto mit der Bezeichnung „Abschreibungen auf Sachanlagen" fixiert. Da Wertverluste das Eigenkapital mindern, ist dieses Konto ein Erfolgskonto, genauer gesagt, ein Aufwandskonto. Abschreibungen, weil Aufwand, wirken sich gewinnmindernd und somit auch steuermindernd aus. Sie werden über die Dauer der voraussichtlichen Nutzung (laut AfA-Tabelle der Finanzbehörden) verteilt, so dass der entsprechende Gegenstand am Ende bis auf 1,- € abgeschrieben ist. AfA bedeutet „Absetzung für Abnutzung".

Gerade Abschreibungen stellen für die Kommunen eine ganz erhebliche Herausforderung dar, da sie die Bewertung des gesamten Anlagevermögens notwendig machen. So müssen z. B. Häuser, aber auch Maschinen und der gesamte Fuhrpark zunächst bewertet werden, um dann in eine ordentliche Abschreibung (AfA) zu münden.

Man unterscheidet bei Abschreibungen zwischen der

linearen und **degressiven Abschreibung**.

Bei der linearen Abschreibung wird der Betrag gleichmäßig über die Jahre der Nutzung abgeschrieben, so dass sich der abzuschreibende Betrag und der entsprechende Prozentsatz von den Anschaffungskosten wie folgt zusammensetzen:

$$\text{Abschreibungsbetrag} = \frac{\text{Anschaffungskosten}}{\text{Nutzungsdauer (nach AfA-Tabelle)}}$$

$$\text{Abschreibungsbetrag} = \frac{100\,\%}{\text{Nutzungsdauer (nach AfA-Tabelle)}}$$

Der jährliche Abschreibungssatz bezieht sich auf die Anschaffungskosten. Etwaige Abweichungen von der in der AfA-Tabelle angegebenen Nutzungsdauer sind stets zu begründen, beispielsweise durch sehr intensive Nutzung oder häufigen Austausch des Gutes.

Bei der degressiven Abschreibung wird ein %-Satz vom Neuwert bzw. später vom jeweiligen Buchwert abgeschrieben.

Zum Zwecke der Verwaltung von Abschreibungen gibt es neben der Finanzin der Nebenbuchhaltung die **Anlagenbuchhaltung** (neben Lohn- und Lagerbuchhaltung).

Die Anschaffungskosten setzen sich wie folgt zusammen:

Anschaffungspreis (Listenpreis)
+ Nebenkosten
+ Inbetriebnahme
./. Skonto

= Anschaffungskosten

Die Anschaffungskosten sind immer netto zu betrachten. Am Jahresende findet eine Buchung der Gesamtabschreibungen für jeden Posten des Anlagevermögens statt. Das Konto „Abschreibungen auf Sachanlagen" wird dann wie ein normales Erfolgskonto mit der GuV abgeschlossen. Die erfolgte Buchung sieht so aus:

Vorgang	Buchungssatz	Soll	Haben
Kauf BGA 2.320,- (brutto) Nutzungsdauer lt. AfA: 4 Jahre (netto 2.000,-)	BGA Vorsteuer an Kasse	2.000,- 380,-	2.380,-
Abschreibungen auf BGA	Abschreibungen auf Sachanlagen an BGA	500,-	500,-

Im letzten Jahr der Abschreibung bleibt 1,- € als Restbetrag stehen; dies zeigt an, dass das Gerät zwar abgeschrieben, aber immer noch in Gebrauch ist. Wird das Gerät ausgesondert, müssen die Entsorgungs- bzw. Verkaufskosten (Marktwert) angegeben werden. Die Differenz zwischen Anschaffungspreis und Abschreibungen bedeutet stets den Buch- bzw. Restwert der Anschaffung, der in der Bilanz erscheint. Abschreibungen dienen zudem der Finanzierung von Neuanschaffungen. Durch die steuermindernde Eigenschaft der Abschreibungen kommt das Geld der Anschaffung wieder in das Unternehmen zurück und steht erneut für Investitionen zur Verfügung.

Abschreibungen auf geringwertige Wirtschaftsgüter (GWG)

Bei Investitionen bis 430,- € (netto) ist eine 100%-ige Abschreibung bereits im ersten Jahr möglich. Dabei bezieht sich die Summe immer auf ein Stück eines Gutes (10 Stühle = 10 Güter). Erfolgt die komplette Abschreibung nicht im ersten Jahr, so ist sie entsprechend der in der AfA-Tabelle vorgesehenen Zeitspanne vorzunehmen. Für diese Güter wird ein Konto „GwG" angelegt zur Verbuchung dieser Anschaffungen. Am Jahresende wird ein weiteres Konto „Abschreibungen GwG" eröffnet. „GwG" wird dann mit dem Gegenkonto „Abschreibungen GwG" abgeschlossen und dieses wiederum mit „GuV", da Abschreibungen bekanntermaßen den Gewinn mindern.

Allgemeiner Bewertungsgrundsatz für die Bilanzierung:

Die Bewertung aller Anlagevermögensgüter (AV) in der Bilanz erfolgt nach dem Vorsichtsprinzip zum Zwecke des Gläubigerschutzes:

1) Das Vermögen wird maximal zum Anschaffungspreis (abzüglich Abschreibung) bewertet.
2) Die Verbindlichkeiten werden stets zum Rückzahlungsbetrag bewertet (inkl. Gebühren/Zinsen).

Der Kontenrahmen

Der Kontenrahmen ist für jeden Wirtschaftzweig erhältlich und bildet die Grundlage für eine einheitliche Gliederung der Konten in der Finanzbuchhaltung. Ziel ist es hierbei,

- den Überblick über die Konten zu wahren,
- Buchungsarbeiten zu erleichtern,
- eine Aufstellung von Betriebs- und Zeitvergleichen zu ermöglichen.

Aufgrund des **Kontenrahmens** erstellt jeder Kaufmann dann seinen eigenen Kontenplan. Der Kontenrahmen teilt dabei die Konten in 10 Kontenklassen ein:

0   Anlage- und Kapitalkonten
1   Finanzkonten
2   Abgrenzungskonten (nicht den Verkauf betreffend, jedoch Erfolgskonten GuV)
3   Wareneinkaufs- und Warenbestandskonten
4   Konten der Kostenarten (betriebliche Kosten wie Personal etc.)
5   Konten der Kostenstellen (i.d.R. frei)
6   Konten für Umsatzkostenverfahren (i.d.R. frei)
7   Freie Kontenklasse
8   Warenverkaufskonten (Umsatzerlöse GuV-Abschluss)
9   Abschlusskonten (Eröffnungsbilanzkonto, GuV, SBK,...)

Die Gliederung der Kontenklasse ist weitgehend an den Betriebsablauf angepasst (Prozessgliederungsprinzip).

5.2. Instrumente der Kostenrechnung

5.2.1. Die Vollkostenrechnung

Die Vollkostenrechnung als traditionsreiches Kostenrechnungssystem in Deutschland läuft in drei Schritten ab, wie im Folgenden erläutert wird:

Kap. 5.2, Bild 1: Ablaufschema Vollkostenrechnung

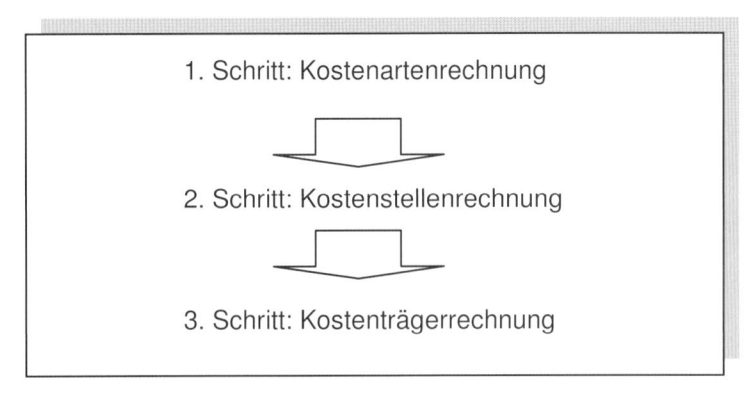

```
1. Schritt: Kostenartenrechnung
            ↓
2. Schritt: Kostenstellenrechnung
            ↓
3. Schritt: Kostenträgerrechnung
```

Die Kostenartenrechnung

Die Kostenartenrechnung dient der systematischen Erfassung aller Kosten, die bei der Erstellung und Verwertung der Kostenträger (Leistungen) entstehen. Zentrale Fragestellung:

Welche Kosten sind angefallen?

In der öffentlichen Verwaltung werden die Kosten in folgende zwölf Kostenartenbereiche unterschieden:

1) Personalkosten,
2) Materialkosten,
3) Fremdleistungskosten,
4) Beratungs-, Rechts- und WP-Kosten,
5) Reisekosten,
6) Kommunikationskosten,
7) Aus- und Fortbildungskosten,

8) Instandhaltungskosten,
9) Miet-, Pacht- und Leasingkosten,
10) Versicherung, Steuern, Beiträge,
11) sonstige Kosten,
12) kalkulatorische Kosten.

Nach der Art der Verrechnung auf die Leistungseinheiten lassen sich **Einzel-** und **Gemeinkosten** unterscheiden:

- **Einzelkosten** werden unmittelbar, d.h. ohne vorherige Verrechnung über die Kostenstellen, den Kostenträgern, z.B. einer bestimmten Leistung oder einem bestimmten Auftrag, zugerechnet, da sie sich pro Kostenträger genau erfassen lassen (wie beispielsweise die Personalkosten für eine Dienstleistung).

- **Gemeinkosten** dagegen sind nicht direkt auf die Leistung zuzurechnen, da sie für mehrere oder alle Leistungen der Kostenbereiche entstanden sind, wie z.B. Abschreibungen, Versicherungen, Transportlöhne, Gehälter leitender Angestellter, Strom, Wasser, Post- und Telefongebühren, usw. Die Verrechnung auf die Leistungen erfolgt indirekt durch Zuschläge, die mit Hilfe von bestimmten Schlüsseln – meist durch Verwendung einer Kostenstellenrechnung – ermittelt werden.

Kosten werden, soweit möglich, als Einzelkosten erfasst.

Kap.5.2, Bild 2: Differenzierung in Einzel- und Gemeinkosten

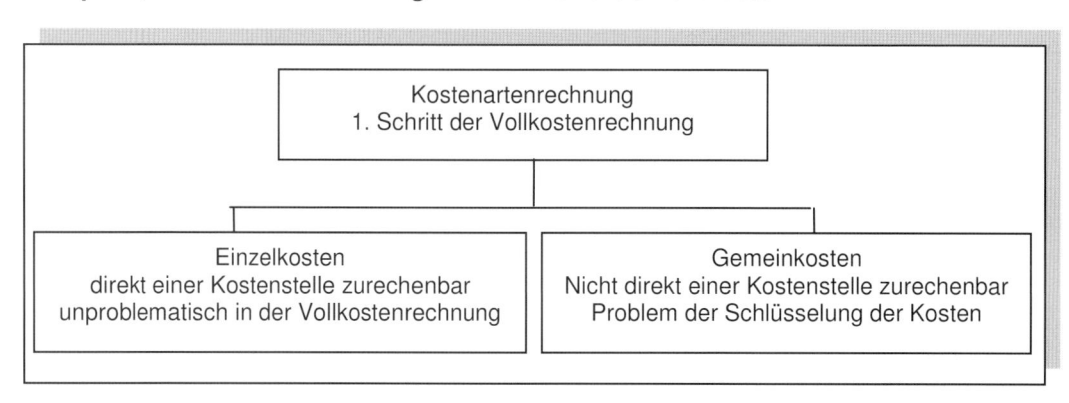

```
                    Kostenartenrechnung
              1. Schritt der Vollkostenrechnung
           ┌──────────────────┴──────────────────┐
           Einzelkosten                      Gemeinkosten
  direkt einer Kostenstelle zurechenbar   Nicht direkt einer Kostenstelle zurechenbar
  unproblematisch in der Vollkostenrechnung   Problem der Schlüsselung der Kosten
```

Kalkulatorische Kosten in der Kostenartenrechnung

Im Rahmen der Kostenartenrechnung spielen die kalkulatorischen Kosten eine besondere Rolle. Da dieser Verbrauch an Gütern nicht durch Zahlungen an Dritte darstellbar ist, jedoch einen Werteverzehr bedeutet, müssen die Kosten erfasst werden, um feststellen zu können, ob über die Erlöse auch dieser Werteverzehr verdient wurde.

In der öffentlichen Verwaltung rechnet man mit folgenden typischen kalkulatorischen Kosten:

- **Kalkulatorische Zinsen**
  Kosten für das im Betrieb gebundene Eigenkapital

- **Kalkulatorische Abschreibungen**
  alle in der Kostenrechnung angesetzten Abschreibungen auf das Anlagevermögen
  Die kalkulatorischen können gleich den bilanziellen Abschreibungen sein oder von diesen abweichen, z. B. wenn die tatsächliche Nutzungsdauer einer Anlage höher ist als die in der AfA-Tabelle vorgesehene.

- **Kalkulatorische Miete**
  Kosten für die Nutzung von eigenen Gebäuden, für die weder reale Mieten noch Abschreibungen existieren

- **Kalkulatorische Wagnisse**
  fallen an, um mögliche Risiken zu berücksichtigen

Die Kostenstellenrechnung

Die Kostenstellenrechnung baut auf der Kostenartenrechnung auf. An die Erfassung der Kostenarten schließt sich ihre Verteilung auf die Verwaltungsbereiche an, in denen sie angefallen sind. Eine Zurechnung der Gemeinkosten müsste ohne Kostenstellenrechnung mit Hilfe eines Gesamtzuschlages auf die Einzelkosten erfolgen. Dies bedeutet eine Ungenauigkeit, weil Einzel- und Gemeinkosten bei allen Kostenträgern (Produkte oder Dienstleistungen) im gleichen Verhältnis verrechnet werden, man also eine Proportionalität von Einzel- und Gemeinkosten unterstellt, die den tatsächlichen Verhältnissen nicht entsprechen muss. Deshalb teilt man die Verwaltung in einzele Abrechnungsbereiche ein, die sich beispielsweise nach den wichtigsten Funktionen

- Beschaffung,
- Gebäudebewirtschaftung,
- Druckerei,
- Rechenzentrum und
- Fahrdiensten gliedert.

Jeder Funktionsbereich wird dann in kleinere Bereiche, sog. Kostenstellen, getrennt, für die man die anteiligen Kostenarten ermittelt. Die Bildung von 1-Personen-Kostenstellen ist dabei zu vermeiden.

Während die Kostenartenrechnung zeigt, welche Kosten entstanden sind, gibt die Kostenstellenrechnung Aufschluss darüber,

wo die Kosten angefallen sind.

Sie erfasst die Kosten also an deren Entstehungsort. Die Kostenartenverteilung auf die Kostenstellen verfolgt einen doppelten Zweck:

- Sie soll als erste Aufgabe eine genauere **Zurechnung der Gemeinkosten auf die Kostenträger ermöglichen**. Wenn die Kostenträger die einzelnen Betriebsabteilungen unterschiedlich beanspruchen, so würde die Verrechnung der Gemeinkosten mit einem Gesamtzuschlag auf die Einzelkosten aller Kostenträger im gleichen Verhältnis mit Gemeinkosten belasten, obwohl die einzelnen Kostenträger ganz unterschiedliche Kosten verursacht haben können. Die Aufteilung in Kostenstellen bedeutet, dass ein Zuschlag von Gemeinkosten auf einen Kostenträger nur erfolgt, wenn er die betreffende Kostenstelle auch beansprucht hat.

- Die zweite Aufgabe der Kostenstellenrechnung ist die **Überwachung und Kontrolle der Wirtschaftlichkeit der betrieblichen Tätigkeit (Kostenkontrolle) in den einzelnen Tätigkeits- und Verantwortungsbereichen**, die durch eine weitgehende Aufgliederung des Betriebes in Verantwortungsbereiche ermöglicht werden.

Der Betriebsabrechnungsbogen

Die Kostenstellenrechnung wird mit Hilfe von Betriebsabrechnungsbögen (BAB) duchgeführt.

Kap. 5.2, Bild 3: Die Kostenstelleneinteilung eines Forstamtes

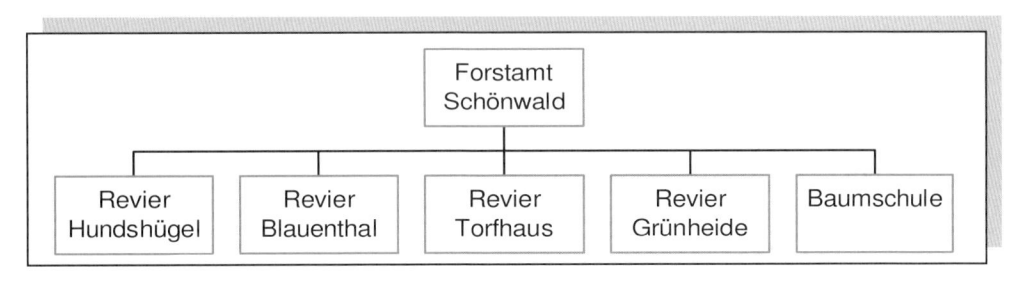

```
                    Forstamt
                    Schönwald
   ┌──────────┬──────────┼──────────┬──────────┐
 Revier     Revier     Revier     Revier    Baumschule
Hundshügel Blauenthal Torfhaus   Grünheide
```

Aus der organisatorischen Einteilung kann der BAB entwickelt werden.

Kap. 5.2, Bild 4: Der BAB eines Forstamtes

Allgemeine Kostenstelle	Revier Hundshügel	Revier Blauenthal	Revier Torfhaus	Revier Grünheide	Verwaltung Forstamt	Vertrieb Forstamt
Summe Gemeinkosten	Summe Gemeinkosten	Summe Gemeinkosten	Summe Gemeinkosten	Summe Gemeinkosten	Summe Verwaltungs-GK	Summe Vertriebs-GK
→	→	→	→	→	→	→
	Summe Gemeinkosten	Summe Gemeinkosten	Summe Gemeinkosten	Summe Gemeinkosten	Summe Gemeinkosten	Summe Gemeinkosten
	%- Revier Zuschlagssatz	%- Revier Zuschlagssatz	%- Revier Zuschlagssatz	%- Revier Zuschlagssatz	%-Verwaltungs Zuschlagssatz	%-Vertriebs Zuschlagssatz

Kap. 5.2, Bild 5: Die Kostenstelleneinteilung eines statistischen Bundesamtes

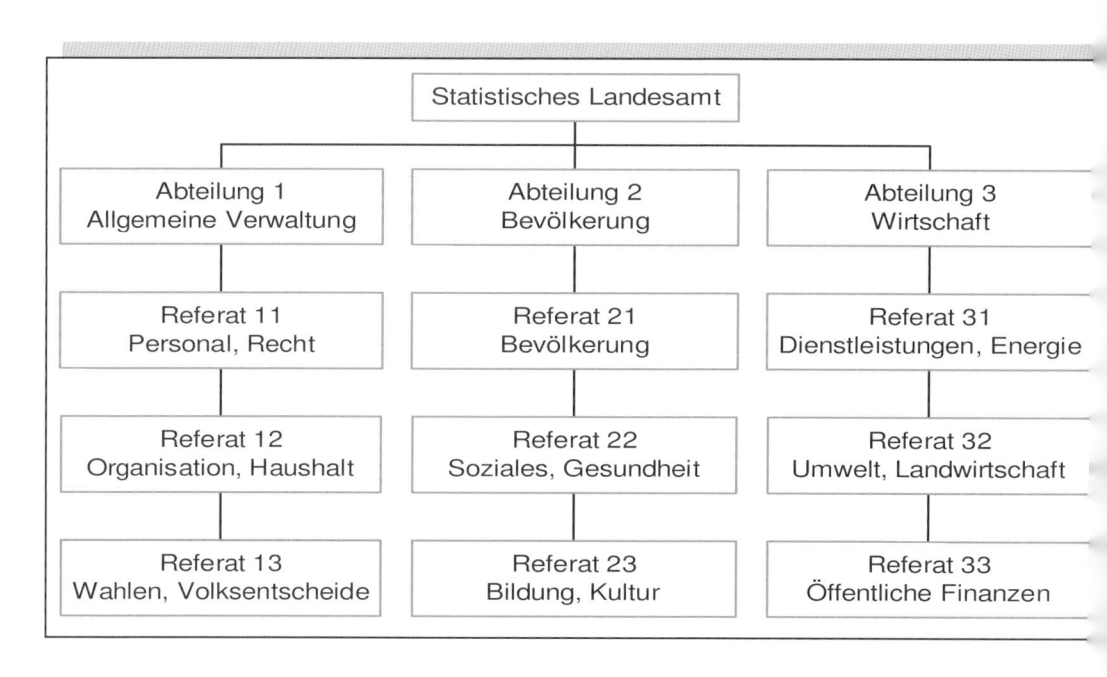

```
                    Statistisches Landesamt
        ┌───────────────────┼───────────────────┐
   Abteilung 1          Abteilung 2         Abteilung 3
Allgemeine Verwaltung   Bevölkerung          Wirtschaft
        │                    │                    │
   Referat 11           Referat 21          Referat 31
  Personal, Recht       Bevölkerung    Dienstleistungen, Energie
        │                    │                    │
   Referat 12           Referat 22          Referat 32
Organisation, Haushalt  Soziales, Gesundheit  Umwelt, Landwirtschaft
        │                    │                    │
   Referat 13           Referat 23          Referat 33
Wahlen, Volksentscheide  Bildung, Kultur   Öffentliche Finanzen
```

© REFA

Bei der Erstellung eines BABs müssen die Gemeinkosten nach dem Kostenverursachungsprinzip auf die Kostenstellen mit Hilfe von Schlüsseln verteilt werden.

Typische Schlüssel sind:

- Quadratmeterflächen als Schlüssel für Raumkosten,
- Kwh-Verbräuche als Schlüssel für Energie,
- Anlagevermögen als Schlüssel für die AfA,
- Personen als Schlüssel für Personalgemeinkosten,
- % als Schlüssel für sonstige Gemeinkosten.

Reihenfolgeplan zum Aufbau eines Betriebsabrechnungsbogens (BAB)

1) Zunächst werden die Gemeinkostenarten, die aus der Kostenartenrechnung in den BAB übernommen werden, mit Hilfe von Schlüsseln (Bezugsgrößen), die nach Möglichkeit dem Prinzip der Kostenverursachung Rechnung tragen sollen, auf die Kostenstellen verteilt. Dadurch wird jede Kostenstelle mit dem Bruchteil jeder Kostenart, der von ihr verbraucht worden ist, belastet.
2) Addiert man jede Spalte senkrecht auf, so erhält man die Summe der Gemeinkosten je Kostenstelle.
3) Man errechnet nun die Gemeinkostenzuschläge. Die Zuschläge ergeben sich aus der Relation zwischen den Gemeinkosten und einer Bezugsgröße (Einzelkosten = Lohn und Gehalt der Kostenstelle). Grundsätzlich gilt hier die Formel:

$$\text{GK} / \text{EK} \times 100 = \text{Gemeinkostenzuschlagssatz in \%}$$

Aufgaben des Betriebsabrechnungsbogens (BAB)

Der BAB hat folgende Aufgaben:

1) die Gemeinkostenarten möglichst nach dem Verursachungsprinzip auf die Kostenstellen zu verteilen,
2) Kalkulationssätze für jede Kostenstelle durch Gegenüberstellung von Einzel- und Gemeinkosten für die Vor- und Nachkalkulation zu ermitteln,
3) Kostenstellenüber- und -unterdeckungen, die bei der Verwendung von Normalgemeinkostensätzen als Differenz zwischen verrechneten (Durchschnitts-)Kosten und entstandenen Ist-Kosten auftreten, festzustellen.

Die Kostenträgerrechnung

Die Kostenträgerrechnung stellt die zentrale Frage:

Wofür sind Kosten entstanden?

Sie dient der Verrechnung von Herstell- und Selbstkosten, die bei der Erbringung von absatzfähigen oder innerbetrieblichen Leistungen (Kostenträgern) entstanden sind, auf die Leistungseinheiten. Diese Kostenermittlung ist

- die **Bewertungsgrundlage** der Bestände an Halb- und Fertigfabrikaten in der Handels- und Steuerbilanz nach HGB sowie in der kurzfristigen Erfolgsrechnung (Herstellungskosten),
- die Grundlage der Planung und Kontrolle des **Periodenerfolges** durch Bestimmung der Selbstkosten der abgesetzten Leistungen im Rahmen der kurzfristigen Erfolgsrechnung (KER) und
- die Grundlage preispolitischer Entscheidungen, z.B. der **Kalkulation** des Angebotspreises, sofern die Verwaltung von sich aus einen Einfluss auf den Preis nehmen kann (**Kostenträgerstückrechnung**).

Werden die **gesamten in einer Abrechnungsperiode angefallenen Kosten** – nach Kostenträgern gegliedert – ermittelt, so liegt eine **Kostenträgerzeitrechnung** vor.

Kap. 5.2, Bild 6: Arten der Kostenträgerrechnung

```
                    Kostenträgerrechnung
                 3. Schritt der Vollkostenrechnung

  Kostenträgerstückrechnung          Kostenträgerzeitrechnung
  Kalkulation eines Produktes         Kalkulation einer Zeitperiode
  Produktkalkulation                  Kurzfristige Erfolgsrechnung (KER)
  Angebotskalkulation                 Betriebswirtschaftliche Auswertung (BWA)
```

Die Kostenträgerstückrechnung

Aufgabe der Kalkulation (Kostenträgerstückrechnung) ist die Ermittlung der Kosten pro Produkt- bzw. Dienstleistung absatzfähiger Leistungen (Kostenträger).

Die Ermittlung der stückbezogenen Kosten dient verschiedenen Zwecken:

- Die Kalkulation kann Basis der Preispolitik sein und dazu dienen, den Angebotspreis für die abzusetzenden Güter kostendeckend zu bestimmen.
- Da aber in Verwaltungen im Allgemeinen reine Kostenpreise nicht durchsetzbar sind, kann die Kalkulation dazu dienen, Preisuntergrenzen zu bestimmen.

Vor- und Nachkalkulationen lassen sich nach ihrer zeitlichen Durchführung voneinander unterscheiden. Die **Vor**kalkulation bezeichnet einen Überschlag der Herstell- bzw. Selbstkosten **vor** Auftragsausführung. **Nach**kalkulationen erfolgen **nach** Abschluss der Leistungserstellung.

Die Kostenträgerzeitrechnung

Aufgaben der Kostenträgerzeitrechnung und der damit eng verbundenen kurzfristigen **Erfolgsrechnung (KER)** lassen sich benennen als

- Ermittlung der gesamten Kostenträgerkosten pro Abrechnungsperiode als Betriebsleistungs- und Bestandsrechnung,
- Ermittlung der Erlöse pro Kostenträger und Abrechnungsperiode,
- Ermittlung der Erfolgsbeiträge pro Kostenträger und Abrechnungsperiode und
- Ermittlung des Betriebsergebnisses pro Abrechnungsperiode.

Zusammenhang zwischen BAB, Kostenträgerstück- und -zeitrechnung

Das vorliegende Beispiel verdeutlicht die Zusammenhänge zwischen den Daten des/der

- BAB´s (Kostenstellenrechnung)
- Kostenträgerstückrechnung (Kalkulation)
- Kostenträgerzeitrechnung (kurzfristige Erfolgsrechnung)

Kap.5.2, Bild 7: Kostenträgerstück- und -zeitrechnung

BAB - Kostenstellenrechnung einer Stadtwerke GmbH

	allg. Kstelle	Einkauf	techn. Hilfsstelle	Rohrnetz	Versorgung vor Ort	Verwaltungkstelle	Vertriebskstelle
Summe	50.000,00 €	40.000,00 €	30.000,00 €	50.000,00 €	70.000,00 €	20.000,00 €	40.000,00 €
		10.000,00 €	10.000,00 €	10.000,00 €	10.000,00 €	5.000,00 €	5.000,00 €
		50.000,00 €	40.000,00 €			25.000,00 €	45.000,00 €
				20.000,00 €	20.000,00 €		
				80.000,00 €	100.000,00 €		
Einzelkosten		44.000,00 €		100.000,00 €	110.000,00 €	484.000,00 €	484.000,00 €
Zuschlagssatz		114%		80%	91%	5%	9%

Umsatz der Periode:	500.000,00 €
Materialeinzelkosten 1 kwh Gas:	0,10 €
Fertigungseinzelkosten I für 1 Produkt:	0,05 €
Fertigungseinzelkosten II für 1 Produkt:	0,03 €

Kostenträgerstückrechnung		Kostenträgerzeitrechnung	
Materialeinzelkosten	0,10 €	Materialeinzelkosten	44.000,00 €
Material/Einkaufsgemeinkosten	0,11 €	Materialgemeinkosten	50.000,00 €
Fertigungseinzelkosten I	0,05 €	Fertigungseinzelkosten I	100.000,00 €
Fertigungsgemeinkosten I	0,04 €	Fertigungsgemeinkosten I	80.000,00 €
Fertigungseinzelkosten II	0,03 €	Fertigungseinzelkosten II	110.000,00 €
Fertigungsgemeinkosten II	0,03 €	Fertigungsgemeinkosten II	100.000,00 €
Herstellkosten der Produktion	0,36 €	Herstellkosten der Produktion	484.000,00 €
Verwaltungsgemeinkosten	0,02 €	Verwaltungsgemeinkosten	25.000,00 €
Vertriebsgemeinkosten	0,03 €	Vertriebsgemeinkosten	45.000,00 €
Selbstkosten je KWH Gas ohne Steuer, etc.	0,41 €	Selbstkosten	554.000,00 €
		Umsatz	500.000,00 €
		Gewinn / Verlust	-54.000,00 €

5.2.2. Voll- und Teilkostenrechnungssysteme im Vergleich

Vollkostenrechnungssysteme finden sich heute verstärkt im deutschen Sprachraum (Deutschland, Schweiz, Österreich), während die Teilkostenrechnungssysteme international eingesetzt werden. In Deutschland hat sich eine auch für die öffentliche Verwaltung sinnvoll scheinende Kombination aus Voll- und Teilkostenrechnung entwickelt.

Die Instrumente der Teilkostenrechnung ergänzen die der Vollkostenrechnung. Einen Gesamtüberblick über die Kostenstrukturen eines Betriebes oder einer Verwaltung gewährt die Vollkostenrechnung, hingegen ermöglicht die Teilkostenrechnung eine wesentlich genauere Betrachtung einzelner kostenrechnerischer Problemfelder.

Vollkostenrechnung wird oft als Instrument des „Überblicks" bzw. der „Ganzheitlichkeit" gesehen, wobei die Teilkostenrechnung die Detailsicht, oft auch die realistischere und genauere Betrachtung ermöglicht. Häufig läßt sich eine Koexistenz der Kostenrechnungssysteme beobachten mit der Vollkostenrechnung als Basis und den darauf aufgebauten Teilkostenrechnungssystemen.

Kap. 5.2, Bild 8: Koexistenz der Voll- und Teilkostenrechnung

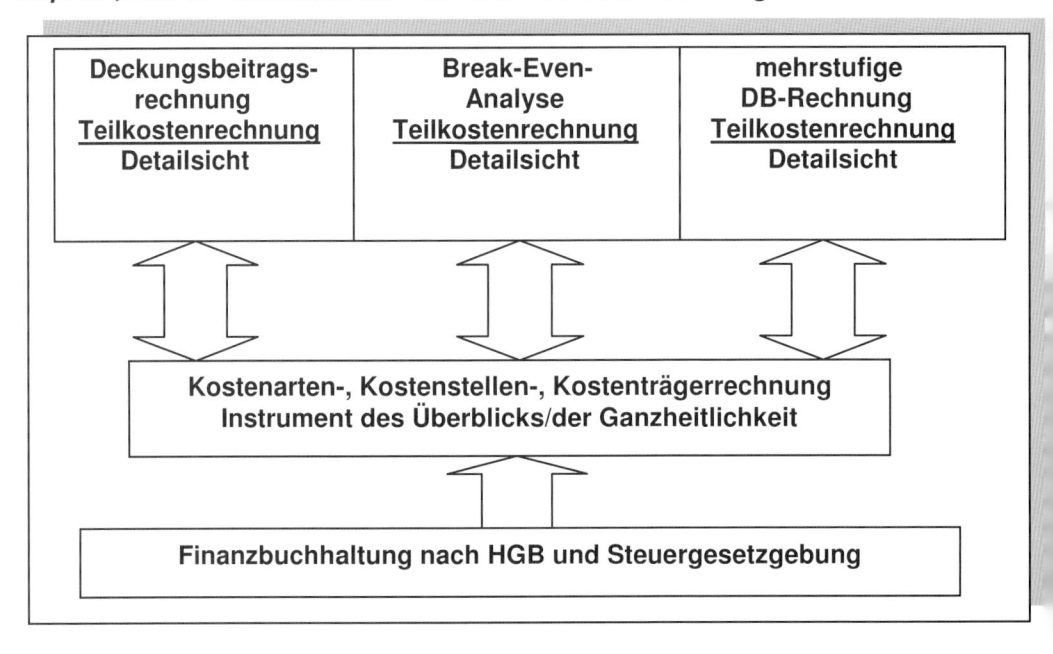

Deckungsbeitrags-rechnung Teilkostenrechnung Detailsicht	Break-Even-Analyse Teilkostenrechnung Detailsicht	mehrstufige DB-Rechnung Teilkostenrechnung Detailsicht

Kostenarten-, Kostenstellen-, Kostenträgerrechnung
Instrument des Überblicks/der Ganzheitlichkeit

Finanzbuchhaltung nach HGB und Steuergesetzgebung

5.2.3. Die Deckungsbeitragsrechnung als 1. Instrument der Teilkostenrechnung

Alle Teilkostenrechnungssysteme gehen auf das Direct Costing zurück, das in den 30er Jahren in den USA zum ersten Mal in der Industrie angewandt wurde. Der Begriff *„Direct Costs"* umfasst alle variablen Kosten, also die Einzelkosten sowie die variablen Gemeinkosten. Fixe und variable Kosten beziehen sich jeweils auf eine Abrechnungsperiode. In Deutschland hat eine Variante unter der Bezeichnung Deckungsbeitragsrechnung weite Verbreitung gefunden.

Da die Kostenrechnung jedoch auch die Aufgabe hat, eine Grundlage für die Preispolitik der Verwaltung (Kalkulation des Angebotspreises oder Feststellung der Preisuntergrenze eines Produktes / Dienstleistung) zu schaffen, kann es bei sozialen oder hoheitlichen Aufgaben des Staates zweckmäßig sein, nur die variablen Kosten auf die Kostenträger zu verteilen und die gesamten fixen Kosten (sogenannter Fixkostenblock) von der Verteilung auszuschließen, wenn eine Vollkostenrechnung zu falschen politischen Entscheidungen führen würde.

Gewinnwirtschaftliche Optimierung durch Anwendung der Deckungsbeitragsrechnung

Langfristig kann ein Betrieb nur existieren, wenn er mindestens die volle Deckung seiner Gesamtkosten durch die Absatzpreise erzielt. Erzeugt ein Betrieb beispielsweise 10 Dienstleistungen, fährt er dabei mit 9 Dienstleistungen einen Gewinn von 1.000,- € ein, während durch den Absatz der 10. Dienstleistung ein Verlust von 200,- € entsteht, so dass der Gesamtgewinn nur 800,- € beträgt, wäre es falsch, anzunehmen, dass durch die Einstellung der 10. Dienstleistung der Verlust von 200,- € vermieden und folglich ein Gesamtgewinn von 1.000,- € entstehen würde, wenn die Gesamtkosten der 10. Dienstleistung von beispielsweise 900,- € sich aus fixen Kosten von 300,- € Euro und variablen Kosten von 600,- € zusammensetzen. Durch Einstellung dieser Dienstleistung könnten nur die variablen Kosten eingespart werden, die fixen Kosten dagegen müssten durch die anderen 9 Dienstleistungen gedeckt werden, so dass der Gesamtgewinn nicht 1.000,- €, sondern nur 700,- €, also weniger betragen würde, als wenn die Verluste der 10. Dienstleistung fortgesetzt würden.

Aus dem Beispiel wird ersichtlich, dass eine Auflösung der Gesamtkosten in beschäftigungsabhängige (fixe) Kosten und variable Kosten erforderlich ist, damit die Kostenrechnung als Instrument der Betriebspolitik verwendet werden kann. Die Betriebsführung muss wissen, **welchen Beitrag ein Produkt zur Deckung der fixen Kosten leistet.** Solange der **Absatzpreis über den variablen Kosten liegt,** wird zumindest **ein Teil der fixen Kosten gedeckt,** d.h. solange liefert auch eine Verlustproduktion einen Beitrag zur Deckung der fixen Kosten, die durch Einstellung dieser Produktion nicht vermindert werden können.

Die grundlegenden Formeln in der Deckungsbeitragsrechnung lauten:

DB (Betrieb) = **Umsatzerlös des Betriebes ./. variable Kosten des Betriebs**

DB (Stück) = **Stückerlös ./. variable Stückkosten**

Wie lassen sich Programme optimieren?

Programmentscheidungen werden niemals auf Basis von Stückgewinn oder Stückverlust getroffen, sondern stets auf Basis von Stück-Deckungsbeiträgen. Positive Deckungsbeiträge optimieren das Ergebnis.

Auch Produkte, die zweifelsfrei einen Verlust erwirtschaften, aber über einen positiven Deckungsbeitrag verfügen, können die betriebswirtschaftlichen Zahlen positiv beeinflussen (siehe nachfolgendes Bild). Solche Produkte sollten im öffentlichen Bereich weiter vermarktet werden. Eine Eliminierung dieser Produkte oder Dienstleistungen würde zweifelsfrei zu einer Verschlechterung des Gesamtergebnisses führen.

Bei Produkten oder Dienstleistungen, die einen Verlust und einen negativen Deckungsbeitrag erwirtschaften, muss man auf öffentlicher Seite den Versorgungs- oder den politischen Auftrag in den Vordergrund stellen. Langfristig ist dieser aber zu überprüfen, da negative Deckungsbeiträge das betriebswirtschaftliche Gesamtergebnis deutlich verschlechtern.

Kap. 5.2, Bild 9: Optimierung mit Hilfe der Deckungsbeitragsregel

Produkt erwirtschaftet Gewinn	DB ist positiv Produkt deckt Fixkosten	⇒	Produktion/Absatz auch auf dem freien Markt
Produkt erwirtschaftet Verlust	DB ist positiv Produkt deckt Fixkosten	⇒	Produktion/Absatz bei politischer Notwendigkeit
Produkt erwirtschaftet Verlust	DB ist negativ Produkt deckt Fixkosten nicht	⇒	Nur bei absoluter politischer Notwendigkeit - sonst Stop !

5.2.4. Die mehrstufige Deckungsbeitragsrechnung als 2. Instrument der Teilkostenrechnung (Fixkostenmanagement)

Viele Betriebe der öffentlichen Hand handhaben in den letzten Jahren ein aktives Kostenmanagement der variablen Kosten. Mittlerweile ist ein Punkt erreicht, an dem kaum noch von vorhandenem Kostensenkungspotential im variablen Bereich ausgegangen werden kann. Möglichkeiten bei Betrieben und in der Verwaltung sieht man heute nur noch in den Fixkostenblöcken. Bei der bisher behandelten einstufigen Deckungsbeitragsrechnung werden sämtliche Fixkosten einer Periode „en bloc" den Deckungsbeiträgen der betreffenden Periode gegenübergestellt. Im Gegensatz zum aktiven Kostenmanagement der variablen Kosten spaltet man in der stufenweisen Fixkostendeckungsbeitragsrechnung den Fixkostenblock auf und ordnet Teile der Fixkosten zwar nicht einzelnen Kostenträgern, wohl aber der Gesamtstückzahl einer Produktart oder einer Produktgruppe, einer Kostenstelle oder einem ganzen Bereich zu.

Typische Fixkostenschichten eines Betriebes oder einer Verwaltung:

1) **Erzeugnisfixkosten** sind der während einer Periode erzeugten Gesamtstückzahl einer Produktart direkt zurechenbar. Beispiele: Entwicklungskosten, die nur für die betreffende Produktart anfallen, oder die Kosten von Spezialaggregaten.
2) **Erzeugnisgruppenfixkosten** entfallen auf mehrere ähnliche Produktarten, die zu einer Produktgruppe zusammengefasst werden können. Beispiele: Kapitalkosten von Anlagen, die nur von der betreffenden Produktgruppe beansprucht werden oder Forschungs- und Entwicklungskosten für diese Produktgruppe.
3) **Kostenstellenfixkosten** lassen sich einzelnen Kostenstellen, welche wiederum aus Kostenträgergruppen bestehen, direkt zuordnen.
4) **Bereichsfixkosten** werden von mehreren Kostenstellen bzw. von einem ganzen Bereich verursacht. Sie sind aus den noch nicht verteilten Deckungsbeiträgen aller Produkte, die diesen Bereich beanspruchen, zu decken.
5) (5) **Unternehmensfixkosten** sind der Rest der Fixkosten, der nicht auf die speziellen Kalkulationsobjekte verteilt werden kann, z.B. die Kosten der Unternehmensleitung.

Nach dieser differenzierten Aufteilung des Fixkostenblocks lässt sich folgende Hierarchie von Deckungsbeiträgen auch auf einen Dienstleistungsbetrieb oder eine Verwaltung bilden:

Kap. 5.2, Bild 10: Mehrstufige Deckungsbeitrags-/Fixkostenschichtungsrechnung

	A	B	C
Umsatzerlöse - variable Dienstleistungskosten			
= Deckungsbeitrag einer Dienstleistung (DB I) - Dienstleistungsfixe Kosten / Kfix 1			
= DB II - Dienstleistungsgruppenfixe Kosten / Kfix 2			
= DB III - Kostenstellenfixe Kosten / Kfix 3			
= DB III - Bereichsfixe Kosten / Kfix 4			
= DB IV - Betriebsfixe Kosten / Kfix 5			
= DB V - Unternehmensfixe Kosten / Kfix 6			
= DB VI = Betriebsergebnis			

Durch die stufenweise Fixkostendeckungsrechnung ergibt sich ein besserer Einblick in die betriebliche Erfolgs- und Fixkostenstruktur. Man erkennt, ob und in welchem Umfang ein Produkt über die Deckung der von ihm verursachten Erzeugnisfixkosten hinaus zur Deckung allgemeiner Fixkosten und zum Gewinn beiträgt. Die Fixkostendeckungsrechnung liefert entscheidende Vergleichsinformationen über zu hohe Personalausgaben auf den unterschiedlichen Betriebsebenen.

Die mehrstufige Deckungsbeitragsrechnung muss als modernes Instrument der Kostenrechnung bzw. des Controlling verstanden werden, mit dem man Fixkostenrationalisierungspotentiale gerade in der Verwaltung aufzudecken versucht.

5.3. Kennzahlen aus Doppik und Bilanz

5.3.1. Der Jahresabschluss

Adressaten der Jahresabschlussanalyse

Der finanzwirtschaftliche Jahresabschluss besteht im Wesentlichen aus der

- Bilanz und der
- GuV (Gewinn- und Verlustrechnung).

Während die **Bilanz** eine **Stichtagsrechnung** zum Ende des Geschäftsjahres (oft zum 31.12.) darstellt, ermittelt die **GuV** im Rahmen einer **Zeitraumrechnung** über das gesamte Wirtschaftsjahr die Wertschöpfung, also den Gewinn oder Verlust des Unternehmens oder des Eigenbetriebes.

Die Jahresabschlussanalyse dient der Bereitstellung finanzwirtschaftlicher Informationen für interne und externe wirtschaftliche Entscheidungen.

Der veröffentlichte Jahresabschluss ist eine der wichtigsten, veröffentlichten Informationsquellen im Hinblick auf Daten, die eine Beurteilung der wirtschaftlichen Situation des Unternehmens erlauben, und gesetzlich durch HGB und Steuergesetzgebung vorgeschrieben. Wertet man die Jahresabschlusszahlen entsprechend aus, lassen sich Erkenntnisse über **Erfolgsentwicklung** und **Liquiditätslage** gewinnen.

Eine **externe Bilanzanalyse** setzt Publizität voraus. Hiervon zu trennen ist die **interne Bilanzanalyse**, bei der weitere Daten, vor allem auch die aus dem innerbetrieblichen Rechnungswesen (Kostenrechnung, Investitionsrechnung, Finanzrechnung), zur Verfügung stehen.

Kap. 5.3, Bild 1: Adressaten der Jahresabschlussanalyse

```
         Adressaten der Jahresabschlussanalyse (Bilanz & GuV)
                    ⬇                            ⬇

         Interne Adressaten              Externe Adressaten

         - Geschäftsführung / Vorstand   - Kreditinstitute

         - Gesellschafter (Kommune)      - Finanzverwaltung

         - Aufsichtsrat / Beirat         - Lieferanten

         - Arbeitnehmer                  - Kunden

         - Gewerkschaft                  - Konkurrenten
```

Informationen durch Kennzahlen und Kennzahlensysteme

Aufgabe der Jahresabschlussanalyse ist das Zerlegen und Aufgliedern von Jahresabschlüssen in ihre Komponenten mit dem Ziel einer **Beurteilung der Unternehmenslage und -entwicklung** anhand der auf diese Weise erlangten Informationen.

Ein standardisiertes Kennzahlensystem ist gerade im öffentlichen Bereich die notwendige Voraussetzung für das parallele Steuern mehrerer Beteiligungen einer Kommune.

Der Begriff „Bilanzanalyse" hat sich eingebürgert, obwohl man besser von „Jahresabschlussanalyse" sprechen sollte, da die GuV hier auch wesentliche Daten zur Analyse liefert.

Ein Unternehmen benötigt laufend Informationen über die finanzielle und erfolgswirtschaftliche Lage, um **Gefahren rechtzeitig zu entdecken** und Planungs- sowie Kontrollgrundlagen für gezielte Entscheidungen der Unternehmensführung zu erhalten. Besondere Prüfung erfährt die wirtschaftliche Situation, ob sie „aus dem Ruder läuft" oder als stabil zu bezeichnen ist. Mit Hilfe geeigneter Kennzahlen lassen sich betriebliche Zusammenhänge übersichtlicher und transparenter darstellen sowie Informationslücken schließen.

Kennzahlen, deren Nutzen in Bezug auf das frühzeitige Erkennen von Unternehmenskrisen oder Schräglagen der Unternehmung besonders groß ist, werden gebildet, wenn

- die Kennzahlen in regelmäßigen Abständen erhoben, verglichen und analysiert werden (Jahresvergleich, Quartalsvergleich, Monatsvergleich),
- das Kennzahlenkonzept auf das jeweilige Unternehmen (Branche) zugeschnitten ist (Benchmarking).

Die **Auswertung** der Zahlen wendet sich mitunter an Nichtfachleute (Laien) im Bereich des Finanz- und Rechnungswesens. Schon daraus folgt eine übersichtliche, klare Kennzahlen- und Kennzahlensystemdarstellung. Außerdem müssen die Kennzahlen und Kennzahlensysteme klar und übersichtlich dargestellt sein sich auf wesentliche Kernpunkte beschränken wie

- Erfolg,
- Struktur und
- Liquidität.

Ziele der Jahresabschlussanalyse

Die Ziele der Bilanzanalyse korrespondieren mit den Informationsbedürfnissen der verschiedenen, an einem Unternehmen teilnehmenden Interessengruppen, die sich wie folgt differenzieren lassen:

Eigentümer (Eigenkapitalgeber) beanspruchen Informationen über die Höhe der zu erwartenden Gewinnausschüttungen und über den Wert ihrer Beteiligung (Gesellschafteranteil) am Unternehmen (primäre Ermittlungsziele = Rentabilität und Liquidität). Gerade die Bürger erwarten eine werterhaltende Führung und Steuerung der eigenen Beteiligungen der Kommunen.

Gläubiger (Fremdkapitalgeber) beanspruchen Informationen darüber, ob die Unternehmung ihre Verbindlichkeiten fristgerecht erfüllen kann, ob sie der Unternehmung bedenkenlos weiterhin Kredite (Banken) oder Warenkredite (Lieferanten) einräumen können etc. (primäres Ermittlungsziel = Liquidität). Auch kommunale Betriebe sehen sich in der jüngsten Vergangenheit aufgrund des stark gestiegenen Verschuldungsgrades zunehmend mit Problemen bei der Fremdkapitalbeschaffung konfrontiert.

Arbeitnehmer bzw. deren Interessenvertreter (Gewerkschaften) sind vorrangig an der Erhaltung des Unternehmens (Liquidität) und z.T. (bei Ansprüchen auf Gewinnbeteiligung) an der Fähigkeit, Gewinne zu erwirtschaften (Rentabilität), interessiert.

Methoden und Instrumente der Jahresabschlussanalyse

Mittels Aufbereitung und Strukturierung werden ausgewählte Jahresabschlussdaten für eine Beurteilung des Unternehmens oder von Eigenbetrieben herangezogen. In der Reihenfolge ihrer Bedeutung für die praktische Jahresabschlussanalyse wendet man folgende Methoden/Instrumente im Rahmen der Jahresabschlussanalyse an:

Kennzahlen: Ermittlung und Auswertung von Grundzahlen (z.B. einzelne Absolutzahlen), Summen (z.B. Anlagevermögen), Differenzen (z.B. Cash flow), Produkte (z.B. Return on Investment bzw. Kapitalrentabilität) und / oder Quotienten (Gliederungs-, Beziehungs- und Indexzahlen);

Kennzahlensysteme: Ermittlung und Auswertung von Rechen- (die Einzelkennzahlen sind sachlogisch verknüpft) oder Mischsystemen.

Darüber hinaus ist die Auswertung zusätzlicher (auch nicht zahlenmäßiger) Informationen, z.B. Veröffentlichungen des Unternehmen und Berichte der Wirtschaftsmedien, nicht zu unterschätzen. Gerade im Rahmen eines Banken-Ratings zur Kreditvergabe (Basel II) haben und werden diese „**soft facts**" in den nächsten Jahren wesentlich an Bedeutung gewinnen.

Kap. 5.3, Bild 2: Kennzahlen und Kennzahlensysteme

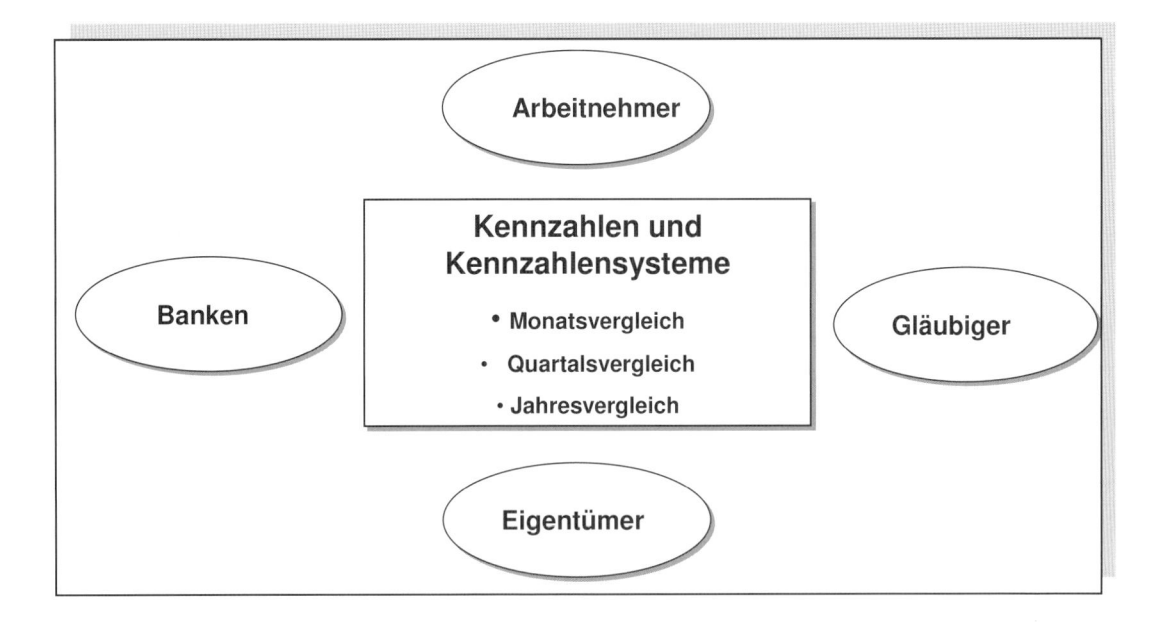

Arbeitnehmer

Banken

Kennzahlen und Kennzahlensysteme
- Monatsvergleich
- Quartalsvergleich
- Jahresvergleich

Gläubiger

Eigentümer

5.3.2. Die Systematik von Kennzahlen und Kennzahlensystemen

Als Elemente von Führungsprozessen verwenden wir Kennzahlen bereits seit den fünfziger Jahren. Während sie lange Zeit jedoch primär im Rahmen finanzwirtschaftlicher Fragestellungen eingesetzt wurden, wie z.B. der Bilanz- oder der Insolvenzanalyse, rücken sie nun auch verstärkt als **operatives, täglich zu nutzendes Controllinginstrument** in den Vordergrund, dessen Aufgabe ist, Informationen mittels Kennzahlen zu verdichten, ohne die Entscheidungsqualität zu reduzieren.

Kennzahlen und Kennzahlensysteme gehören zum unverzichtbaren **Instrumentarium des Controllers**. Kennzahlen können folgende Funktionen haben:

- Schwachstellen in der Struktur eines Unternehmens aufzeigen,
- Abweichungen von Soll-Daten signalisieren und
- ein „Beurteilungsbarometer" darstellen.

Ein Mindestmaß an Kennzahlen benötigt jedes Unternehmen, um Ursache-Wirkungs-Zusammenhänge erkennbar zu machen. Die Aufgabe des Controllers besteht vor allem darin, ein Kennziffernsystem so aufzubauen, dass **Entwicklungstendenzen** und **Zusammenhänge** sichtbar werden. Nicht ausreichend ist es, das betriebsinterne Geschehen durch Kennzahlen mit Ist-Werten zu analysieren. Eine Kennzahl sagt wesentlich mehr aus, wenn sie mit einer Bezugsgröße (z.B. Vorjahresgrößen oder Konkurrenzdaten) verglichen wird. Dies können Zeitvergleiche einzelner Betriebe oder Betriebsvergleiche der kommunalen Beteiligungen sein.

Während Einigkeit über die Begriffsintention herrscht, scheiden sich die Meinungen über Kennzahlen vor allem bezüglich der Frage, ob neben **Verhältniszahlen** auch **absolute Zahlen** Kennzahlen sein können. Die wesentliche Begründung für den „Ausschluss" absoluter Zahlen, dass lediglich Relationen einen eigenen Erkenntniswert und damit Kennzahl-Charakter haben, erscheint nicht schlüssig, da auch die Verhältniszahlen erst durch den Vergleich mit anderen Zahlen den weitergehenden Erkenntniswert erlangen, der in den meisten Kennzahlen-Definitionen gefordert wird. Problemadäquat ausgewählte Absolutzahlen können im Vergleich mit anderen Zahlen ebenfalls das recht vage Kriterium des besonderen Erkenntniswertes erfüllen.

Ferner sind sie für die Beurteilung der Verhältniszahlen von Bedeutung. Als Beispiel sei angemerkt, dass etwa der Cash flow oder die Bilanzsumme anerkannt wichtige Kennzahlen, von der Eigenschaft her aber Absolutzahlen darstellen.

Eine Kennzahl ist eine im Hinblick auf ein bestimmtes Erkenntnisziel relevante Zahl, die gegenüber anderen Zahlen einen besonderen Aussagewert besitzt, und zwar unabhängig von ihrer quantitativen Struktur.

Kap. 5.3, Bild 3: Arten von Kennzahlen

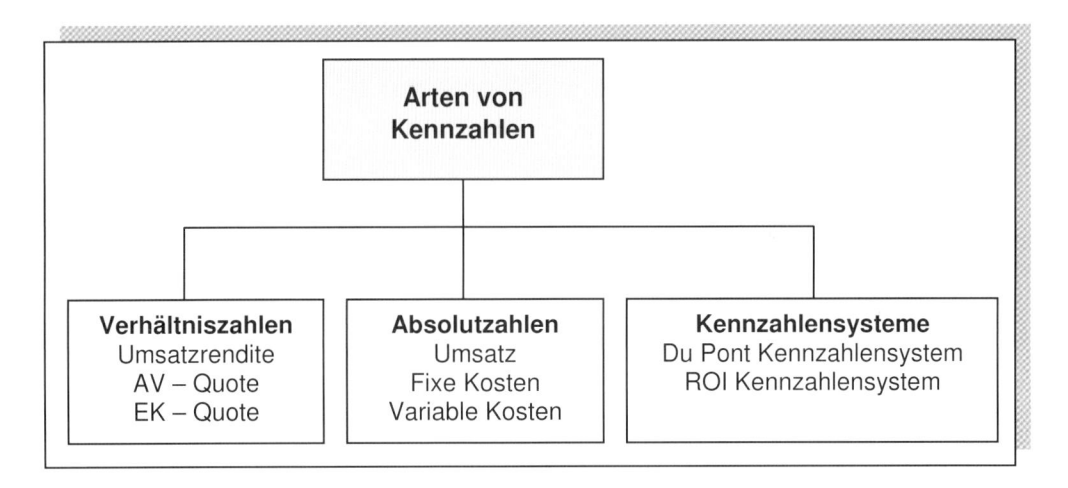

```
                        Arten von
                        Kennzahlen
        ┌───────────────────┼───────────────────┐
  Verhältniszahlen     Absolutzahlen      Kennzahlensysteme
  Umsatzrendite         Umsatz            Du Pont Kennzahlensystem
  AV – Quote            Fixe Kosten       ROI Kennzahlensystem
  EK – Quote            Variable Kosten
```

5.3.3. Schwerpunkte der Kennzahlenanalyse

Im Weiteren soll ein **REFA-Kennzahlensystem** für die öffentliche Verwaltung aufgebaut werden, das branchen- und größenunabhängig sowohl kommunale Unternehmen als auch Eigenbetriebe analysiert.

Wir unterscheiden in:

- **Top-Kennzahlen**, mit denen ein erster Eindruck in die wirtschaftliche Leistungsfähigkeit und den ökonomischen Status des Unternehmens gewonnen werden kann,
- **finanzwirtschaftliche Strukturkennzahlen**,
- **Liquiditätskennzahlen** und
- **ertragswirtschaftliche Kennzahlen**.

Die **Top-Kennzahlen** sollen – wie schon erwähnt - einen ersten betriebswirtschaftlichen Eindruck des Unternehmens vermitteln, wobei die Struktur-, die Liquiditäts- und die Ertragskennzahlen eine genauere, differenziertere Analyse eines möglichen „Krankheitsbildes" von Unternehmen ermöglichen.

Mit Hilfe der **Struktur-, Liquiditäts- und Ertragskennzahlen** lassen sich die Ursachen für „schlechte" Top-Kennzahlen analysieren. Oftmals zeigt sich dabei, ob eine Sanierung des Unternehmens oder Eigenbetriebes grundsätzlich noch möglich scheint oder es zur Insolvenz bzw. Zerschlagung kommt.

Kap. 5.3, Bild 4: Kennzahlenschwerpunkte im REFA-Kennzahlensystem

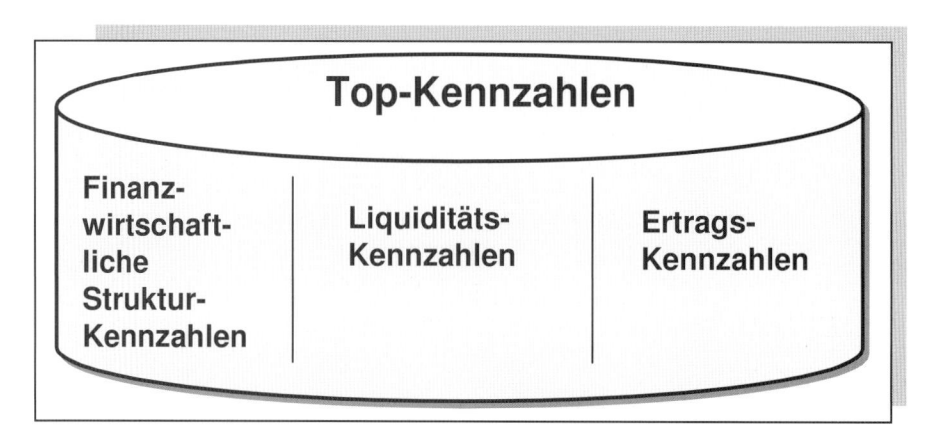

5.3.4. Die Top-Kennzahlen

Die Umsatzrentabilität

Die **Top-Kennzahl Nr.1** im deutschsprachigen Raum ist die **Umsatzrentabilität.**

Bezieht man das Betriebsergebnis auf seine primäre Ertragsquelle, die Umsatzerlöse, ergibt sich die Umsatzrentabilität, auch Umsatzrendite genannt.

$$Umsatzrendite = \frac{Betriebsergebnis}{Umsatzerlöse} \times 100$$

Umsatzrenditen repräsentieren die den eigentlichen betrieblichen Leistungsprozess betreffende **Ertragskraft eines Unternehmens**. Besondere Aussagekraft erhalten sie in der Gegenüberstellung mit Branchendurchschnittswerten anderer kommunaler Betriebe oder Eigenbetriebe sowie im internen Zeitvergleich. Gerade für Banken oder Kapitalgeber ist die „**Umsatzrentabilität nach Steuer**" ein erstes, jedoch wesentliches Kriterium bei der Beurteilung der aktuellen wirtschaftlichen Situation eines Unternehmens.

$$Umsatzrendite1\ (Netto\text{-}Umsatzrendite) = \frac{Betriebsergebnis\ \textbf{nach}\ Steuern}{Umsatzerlöse} \times 100$$

Diese Kennzahl bietet sich an, wenn Kommunen ihre Beteiligungen am Markt bzw. an privatwirtschaftlich gegründeten Unternehmen prüfen wollen, beispielsweise als Gradmesser für die betriebswirtschaftliche Effizienz eines eigenen Baubetriebes im Vergleich zu anderen privaten Baufirmen der Region.

Im Gegensatz dazu wird gerade bei **gemeinnützigen öffentlichen Betrieben,** aber auch bei **Eigenbetrieben** die **Umsatzrentabilität vor Steuer** gerechnet, da keine Steuerlast entsteht.

$$Umsatzrendite2\ (Brutto\text{-}Umsatzrendite) = \frac{Betriebsergebnis\ \textbf{vor}\ Steuern}{Umsatzerlöse} \times 100$$

Bei der Betrachtung von Kennzahlen spielen die **Vergleichswerte** der betreffenden Branche oder Region eine wesentliche Rolle. Nachfolgendes Bild soll einen Eindruck positiver und negativer Ausprägungen der Umsatzrentabilitätskennzahlen vermitteln.

Kap. 5.3, Bild 5: Ausprägungen der Umsatzrentabilität ohne Branchenbezug

Umsatzrentabilität vor Steuer (UR v. St.)	
< 0 % (negativ)	existenzbedrohend
1 % bis 3 %	politisch vertretbar
3 % bis 6 %	Durchschnitt vieler Branchen
6 % bis 10 %	gut
10 % bis 20 %	sehr gut
> 20 %	extrem selten, Ausnahmebranchen

Der Cash flow

Die **Banken-Kennzahl** Nr. 1 weltweit ist der **Cash flow**. Besonders unter einer restriktiveren Kreditvergabepolitik der Banken im Zuge der Einführung von Basel II (verschärfte Banken-Kriterien zur Kreditvergabe) hat sich der Cash flow in den letzten Jahren zur wesentlichen Entscheidungsgrundlage hinsichtlich der Kreditbegleitung von Unternehmen entwickelt.

Im Gegensatz zu stichtagsbezogenen Kennzahlen erfasst der finanzwirtschaftliche Cash flow Zahlungsströme eines gesamten Geschäftsjahres. Er dokumentiert den jeweiligen Einnahmeüberschuss aus der Geschäftstätigkeit des Unternehmens.

Damit kennzeichnet er das Innenfinanzierungspotential oder - anders ausgedrückt - den Umfang der in einem Geschäftsjahr aus eigener Kraft erwirtschafteten liquiden Mittel zur Finanzierung von Investitionen, zur Schuldentilgung und Aufrechterhaltung der Liquidität.

In unternehmensinternen Liquiditätsanalysen wird der Cash flow normalerweise durch direkte Gegenüberstellung der erfolgten Finanzströme (Einnahmen und Ausgaben) bestimmt. Da externe Interessenten i.d.R. keinen Zugriff auf diese Informationen besitzen, müssen sie sich mit den Angaben des Jahresabschlusses begnügen. Üblicherweise ermittelt man den Cash flow als Überschuss der finanzwirksamen Erträge (einzahlungswirksam) über die finanzwirksamen Aufwendungen (auszahlungswirksam). Der in der Gewinn- und Verlustrechnung als Saldo zwischen Ertrag und Aufwand ausgewiesene Jahresüberschuss kann darüber nur unzureichend informieren, weil er nicht nur finanzwirksame, sondern auch finanzunwirksame Aufwands- und Ertragspositionen enthält.

Korrigiert man den Jahresüberschuss um die zahlungsunwirksamen Positionen, ergibt sich der **überschlägige Cash flow** oder auch **Banken-Cash flow** genannt.

Jahresüberschuss (Gewinn oder Verlust)
+ Abschreibung auf AV
+ Einstellung in die Pensionsrückstellungen
= Cash flow (überschlägig) oder Banken-Cash flow

Die in den Umsatzerlösen verdienten Abschreibungsgegenwerte sind im Unternehmen grundsätzlich solange verfügbar, bis damit Ersatzinvestitionen finanziert werden. Gewinnmindernde Aufstockungen der Pensionsrückstellungen lösen noch keine Zahlungsvorgänge aus. Dazu kommt es erst, wenn das Unternehmen seinen pensionierten Mitarbeitern Betriebsrenten zahlt.

In Bezug auf das Thema Basel II (siehe nachfolgenden Text) unterscheiden die Banken drei Fälle. Sie reagieren hier sehr konsequent, und man kann folgende Entscheidungsstrukturen erkennen, die sich ebenso auf die politische Ebene der kommunalen Betriebe transformieren lässt:

1) Das Unternehmen realisiert Gewinne, folglich wird ein positiver Cash flow erwirtschaftet. Nach der oben angegebenen Formel ist der Cash flow auch dann positiv, wenn keine Abschreibung vorliegt. Es gibt aus dieser Sicht keine Probleme in der Kreditbeziehung zum Unternehmen, wenn nicht andere Kennzahlen außergewöhnlich schlechte Ausprägungen mit sich bringen.

Politisch ist festzuhalten, dass diese kommunalen Beteiligungen ohne jegliche Sorge beobachtet werden können.

2) Das Unternehmen erwirtschaftet Verluste, jedoch wird - bedingt durch eine hohe Abschreibung - noch ein positiver Cash flow erwirtschaftet. Eine akute Gefährdung der Unternehmensliquidität liegt trotz der Verluste nicht vor. Das Kreditinstitut wird das Engagement zwar kritisch prüfen, einer begleitenden Sanierung steht aber grundsätzlich aus finanzwirtschaftlicher Sicht nichts entgegen. Oftmals wird diese Phase als letzte Rehabilitierungsphase für das Unternehmen gesehen.

Aus Sicht eines kommunalen Beteiligungscontrollings ist diese wirtschaftliche Aktivität über den „politischen Willen" zu erklären. Betriebswirtschaftlich ist sie mittelfristig als problematisch einzustufen.

3) Das Unternehmen arbeitet mit deutlich roten Zahlen, auch der Cash flow ist negativ, also sind die Verluste größer als die Abschreibung. Die Wahrscheinlichkeit für eine Kreditkündigung durch das Finanzinstitut ist aufgrund der äußerst gefährdeten Liquidität hoch, was ein weiteres Basel II-KO-Kriterium erfüllt.

Bei kommunalen Beteiligungen dieser Art kann alleinig der politische Wille aus Versorgungs- oder sozialen Aspekten im Vordergrund stehen. Betriebswirtschaftlich muss eine ruinöse Situation konstatiert werden.

In der Praxis stellt der Cash flow eine von drei Top-Kennzahlen dar, die durch ihren positiven oder negativen Bescheid eine Beurteilung der wirtschaftlichen Situation des Unternehmens zulässt. Ein positiver Cash flow kann andere negative Kennzahlen stückweise ausgleichen, ein negativer Cash flow ist aber ein äußerst ungünstiges Zeichen bei der Begutachtung eines Unternehmens.

Kap. 5.3, Bild 6: Cash flow i.V.m. der Gewinn- oder Verlustsituation

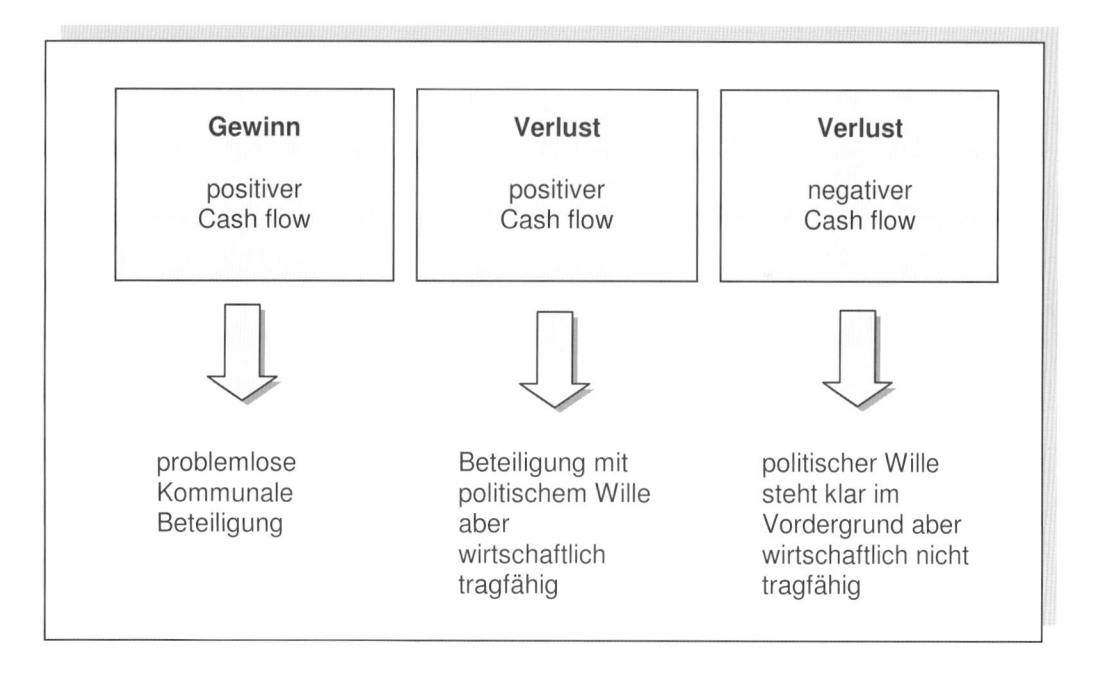

Gewinn	**Verlust**	**Verlust**
positiver Cash flow	positiver Cash flow	negativer Cash flow
⬇	⬇	⬇
problemlose Kommunale Beteiligung	Beteiligung mit politischem Wille aber wirtschaftlich tragfähig	politischer Wille steht klar im Vordergrund aber wirtschaftlich nicht tragfähig

Das Du-Pont-Kennzahlensystem / Der Return on Investment (ROI)

Um die Fülle der Bilanzdaten auf eine überschaubare Anzahl von betriebswirtschaftlichen Relationen zurückzuführen, wendet man Kennzahlensysteme an. Mit deren Hilfe lässt sich ein fundierter Überblick über betriebswirtschaftliche Grundzusammenhänge ermitteln. Das bekannteste rentabilitäts- und risikoorientierte Kennzahlensystem dieser Kategorie wird **Du-Pont-System of Financial Control**, auch **ROI-Kennzahlensystem** genannt.

Es stellt ein rentabilitätsorientiertes System dar und ist - zumindest eingeschränkt - auch für die externe Bilanzanalyse geeignet. Systeme wie das Du-Pont-System versuchen, betriebswirtschaftliche Zusammenhänge im Überblick und ausgehend von einer Ausgangskennzahl offenzulegen. Man versucht, mit Hilfe des Du-Pont-Kennzahlensystems „eine erste betriebswirtschaftliche Beziehung" zum Unternehmen aufzubauen.

Die Spitzenkennzahl im Du-Pont-Schema, die das Unternehmensziel repräsentiert, ist die **Kapitalrendite** bzw. der **Return on Investment (ROI)**, der den Erfolg und eingesetztes Kapital miteinander in Beziehung setzt, um aufzuzeigen, wie **Risiko- und Ertragskomponenten** zusammenhängen. Der ROI wird deshalb weiter in seine Elemente aufgegliedert, die ausnahmslos rechentechnisch verknüpft sind.

Der Return on Investment (ROI) ist eine Rentabilitätszahl und zeigt die Verzinsung des eingesetzten Kapitals durch Gegenüberstellung von Periodenerfolg und Kapitaleinsatz.

Das ROI-Kennzahlensystem zeigt neben der Top-Kennzahl ROI auch andere betriebswirtschaftlich bedeutende Sachverhalte, wie

- **die Umsatzrentabilität,**
- **das Verhältnis fixer und variabler Kosten und**
- **das Verhältnis Anlagevermögen zu Umlaufvermögen und den Kapitalumschlag.**

Nur die Top-Kennzahl zu fokussieren wäre völlig verfehlt, da gerade der „Risiko-" und der „Ertragsast" wichtige betriebswirtschaftliche Zusammenhänge im Hinblick auf das zu untersuchende Unternehmen liefern. Das Du-Pont-Kennzahlensystem muss immer als Einheit des Überblicks gesehen werden.

Kap. 5.3, Bild 7: Du-Pont-Kennzahlensystem / ROI-Kennzahlensystem

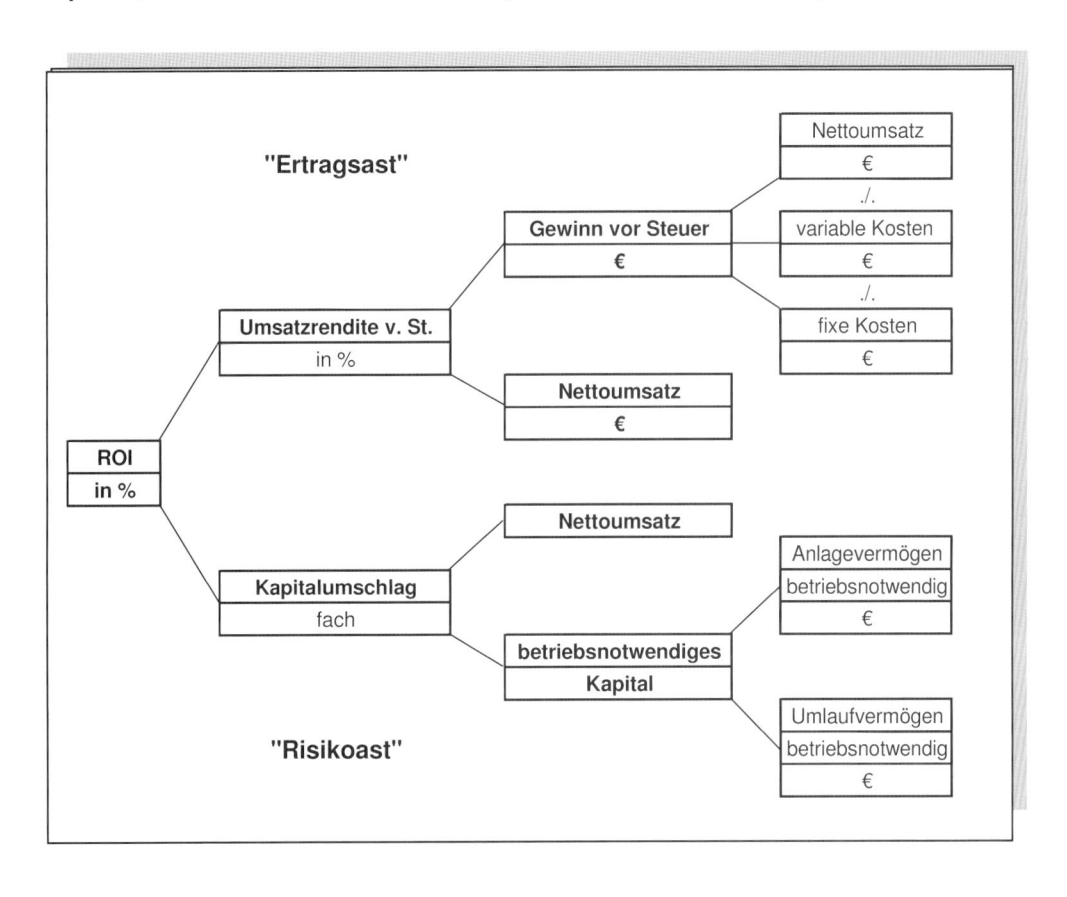

```
                                              ┌─────────────────┐
                                              │   Nettoumsatz   │
                                              │        €        │
                                              └─────────────────┘
                                                     ./.
                        ┌──────────────────┐  ┌─────────────────┐
                        │ Gewinn vor Steuer│  │  variable Kosten│
                        │        €         │  │        €        │
                        └──────────────────┘  └─────────────────┘
                                                     ./.
    ┌────────────────┐                         ┌─────────────────┐
    │Umsatzrendite v.│                         │   fixe Kosten   │
"Ertragsast"  St.   │                         │        €        │
    │      in %      │                         └─────────────────┘
    └────────────────┘
                        ┌──────────────────┐
                        │   Nettoumsatz    │
                        │        €         │
                        └──────────────────┘
┌────────┐
│  ROI   │
│  in %  │
└────────┘
                        ┌──────────────────┐
                        │   Nettoumsatz    │
                        └──────────────────┘
    ┌────────────────┐                         ┌─────────────────┐
    │ Kapitalumschlag│                         │  Anlagevermögen │
    │      fach      │                         │ betriebsnotwendig│
    └────────────────┘                         │        €        │
                        ┌──────────────────┐  └─────────────────┘
                        │ betriebsnotwendiges│
"Risikoast"             │     Kapital      │
                        └──────────────────┘  ┌─────────────────┐
                                              │  Umlaufvermögen │
                                              │ betriebsnotwendig│
                                              │        €        │
                                              └─────────────────┘
```

Basel II und die akute Insolvenzgefahr im Hinblick auf die Top-Kennzahlen

Im Rahmen von Überlegungen der Kreditwirtschaft, einheitliche Kennzahlengrößen hinsichtlich der Kreditvergabe von Unternehmen innerhalb Basel II festzulegen, werden die drei Top-Kennzahlen präsentiert. Auch kommunale Betriebe müssen sich auf dem Kapitalmarkt versorgen und unterliegen somit den **Basel II-Bedingungen**.

Unter minimaler Basel II-Bedingung ist hier gemeint, dass das Unternehmen zwar noch mit Fremdkapital durch die Kreditwirtschaft versorgt, dies jedoch aufgrund der schlechten Kennzahlenausprägung nur zu einem erhöhten Zinssatz - aus Sicht der Banken zu einem Risikozinssatz - vorgenommen wird. Bei Erfüllung der Basel II-Bedingung kann das Unternehmen mit Fremdkapitalzinsen unter dem heutigen Niveau rechnen. Auch ist in unten stehendem Bild das Thema „Top-Kennzahlen in Bezug auf eine akute Insolvenzgefahr" eingearbeitet.

Das deutsche Insolvenzrecht ist für kommunale Beteiligungen im Rahmen einer selbständigen Rechtsform (z.B. GmbH oder gGmbH) selbstverständlich vollumfänglich anzuwenden. Lediglich die Eigenbetriebe werden hier ausgeschlossen aufgrund der mangelnden selbständigen Rechtsform.

Kap. 5.3, Bild 8: Die Top-Kennzahlen im Umfeld von Basel II und Insolvenzen

	Umsatzrendite v. St.	ROI	Cash flow
Insolvenzgefahr	< 0 %	< 0 %	negativ
akute Insolvenzgefahr	< 5 %	< 0 %	stark negativ
Minimale Basel II - Bedingung	> 3 %	> 10 %	positiv
Basel II - Bedingung	> 5 %	> 15 %	positiv

5.3.5. Die Strukturkennzahlen

Die Strukturkennzahlen verraten die strukturellen Stärken und Schwächen eines Unternehmens, decken Chancen und Risiken in dessen Vermögensstruktur auf und erklären einerseits wirtschaftliche Probleme, andererseits aber auch wirtschaftliche Erfolge.

Oftmals stehen sie als Begründung für die „gute" oder „schlechte" Ausprägung der Top-Kennzahlen bereit. Betriebswirtschaftlich „schlechte" Werte der Top-Kennzahlen lassen sich durch unzureichende Eigenkapital- oder geringe Anlagevermögensquoten oder die Nichterfüllung der goldenen oder silbernen Bilanzregeln erklären.

Die finanzielle Stabilität eines Unternehmens hängt entscheidend davon ab, wie schnell die Ausgaben für Investitionen in das Anlage- und Umlaufvermögen durch den Absatz der betrieblichen Leistungen wieder zu Geldzuflüssen führen. Je kürzer das Vermögen gebunden ist, umso geringer sind die Kapitalbindungsrisiken (Verlust des eingesetzten Kapitals durch technische Alterung und wirtschaftliche Unbrauchbarkeit der Investitionsgüter). Auch sehen Banken das Anlagevermögen als wesentlich werthaltiger als das Umlaufvermögen im Falle einer Unternehmenszerschlagung zum Beispiel nach einer Insolvenz an. So sind Immobilien meist noch veräußerbar, während die Werthaltigkeit der Lagerbestände oder der Forderungen aus Lieferung und Leistung sich extrem zweifelhaft darstellt.

Die Anlage- und Umlaufvermögensquote

Das Verhältnis von Anlage- zu Umlaufvermögen wird entscheidend beeinflusst durch die Branchenzugehörigkeit, den Automatisierungsgrad der technischen Anlagen und die Vorratspolitik. Differenziert erkennen läßt sich die Vermögensstruktur, wenn die prozentualen Anteile einzelner Vermögensteile und –gruppen am Gesamtvermögen neben den absoluten Werten getrennt ausgewiesen werden.

$$\text{Anlagevermögensquote} = \frac{\text{Anlagevermögen}}{\text{Gesamtkapital (Bilanzsumme)}} \times 100$$

$$\text{Umlaufvermögensquote} = \frac{\text{Umlaufvermögen}}{\text{Gesamtkapital (Bilanzsumme)}} \times 100$$

Banken, Versicherungen sowie sonstige Geldgeber, aber auch Shareholder präferieren Anlagevermögen und negieren Umlaufvermögen aufgrund der extrem schlechten Werthaltigkeit im Zerschlagungsfall. Insofern wird eine **Anlagevermögensquote über 50 %** und eine **Umlaufvermögensquote unter 50 % als Ideal** angestrebt.

In den kommunalen Beteiligungsgesellschaften trifft man häufig eine Situation mit sehr geringen Anlagevermögensquoten, da es sich zumeist um reine Betriebsgesellschaften ohne große Kapitalbindung im Anlagevermögen handelt. Diese Gesellschaften „dürfen" Anlagevermögen hin und wieder zum Teil unentgeltlich nutzen.

Die Eigen- und Fremdkapitalquote

Die Kapitalstrukturanalyse beschäftigt sich mit der Frage, ob das Unternehmen vorzugsweise mit eigenen oder fremden Finanzmitteln (Kapital) arbeitet. Um die Kapitalstruktur anschaulich darzustellen, empfiehlt sich der getrennte Ausweis absoluter Werte und prozentualer Anteile der einzelnen Finanzierungsmittel am Gesamtkapital / an der Bilanzsumme.

Aus betrieblicher Sicht übernimmt der Eigenkapitaleinsatz die folgenden hauptsächlichen Funktionen:

Er **verbessert** die prinzipiell langfristige Verfügbarkeit des Eigenkapitals, den **Dispositionsspielraum** der Unternehmensleitung und macht sie unabhängiger gegenüber Gläubigereinflüssen, speziell Banken und Lieferanten.

Darüber hinaus **begrenzt** eine entsprechend umfangreiche Eigenfinanzierung das **Risiko**, betriebsnotwendige Anlagegüter aufgrund von Tilgungsverpflichtungen fremden Kapitals im wirtschaftlichen Notfall oder in konjunkturellen Rezessionen **veräußern zu müssen**.

Das Eigenkapital bedeutet eine **Haftungsfunktion** für die Gläubiger im Insolvenzfall. Je mehr Eigenkapital vorhanden, umso mehr geschützt sind Gläubiger vor Forderungsausfällen. Im Gegensatz dazu ist Fremdkapital i.d.R. mit festen Zins- und Tilgungszahlungen belastet.

Die Eigenkapitalquote informiert über den Anteil des Eigenkapitals am Gesamtkapital:

$$\textit{Eigenkapitalquote} = \frac{\textit{Eigenkapital}}{\textit{Gesamtkapital}} \times 100$$

Die Kennzahl Verschuldungsgrad/Fremdkapitalquote misst den Anteil des Fremdkapitals am Gesamtkapital:

$$\textit{Verschuldungsgrad (Fremdkapitalquote)} = \frac{\textit{Fremdkapital}}{\textit{Gesamtkapital}} \times 100$$

Um anhand der beiden Kennzahlen „Eigenkapitalquote" und „Verschuldungsgrad" Aussagen über den **Grad finanzieller Risiken** treffen zu können, benötigt man eine Vorstellung über das optimale Verhältnis von Eigen- zu Fremdkapital. In der Praxis bestehen darüber recht unterschiedliche Auffassungen. Eine allgemein gültige Norm gibt es nicht, dafür stark branchen- und gebietsabhängige Durchschnittswerte. So findet man z.B. in Bayern in der Gegend um München wesentlich höhere Eigenkapitalquoten als in den neuen Bundesländern; auch hat der Maschinenbau mit hohem Exportanteil eine höhere Eigenkapitalquote als beispielsweise der Einzelhandel.

Zu den Schwachstellen einer hohen Fremdfinanzierungsquote zählen

- die befristete Verfügbarkeit des Fremdkapitals,
- eine eventuelle finanzielle Abhängigkeit von Gläubigern (vor allem bei Großkrediten) sowie
- eine ertragsunabhängige Liquiditätsbelastung durch regelmäßige Zins- und Tilgungsverpflichtungen (Annuitäten).

Im Übrigen kann die Kreditwürdigkeit mit zunehmender Verschuldung zurückgehen.

Unter besonderer Beobachtung der Unternehmen steht die Fremdkapitalquote auch nach Basel II, dessen Vorgabewerte möglichst nicht überschritten werden sollten, um eine Kreditweigerung der Banken nicht zu provozieren. Die durchschnittliche EK-Quote ohne Branchen- und Gebietsbesonderheiten betrug im Jahre 2003 in der Bundesrepublik Deutschland ca. 19 %. An dieser „Marke" sollten sich auch kommunale Beteiligungen orientieren, um sowohl insolvenzrechtlich als auch in Bezug auf Basel II eine Mindestkreditwürdigkeit zu erlangen.

Die unten aufgeführten Werte vermitteln einen Eindruck über die Eigen- und Fremdkapitalstruktur in Bezug auf eine Erfüllung der Basel II-Kriterien und zeigen zudem kritische Insolvenz-Grenzen für kommunal selbständige Betriebe auf.

Kap. 5.3, Bild 9: Eigen- und Fremdkapitalquote

	EK-Quote	Verschuldungsgrad
Insolvenzgefahr	< 10 %	> 90 %
Akute Insolvenzgefahr	< 5 %	> 95 %
minimale Basel II - Bedingung	> 20 %	< 80 %
Basel II - Bedingung	> 25 %	< 75 %

5.3.6. Die Goldene und Silberne Bilanzregel (Anlagendeckung I & II)

Eine langfristig gesunde und wirtschaftlich ausgewogene Finanzierung des Unternehmens wird über die **Goldene Bilanzregel, auch Anlagendeckung I** genannt, ermittelt.

Die **Goldene Bilanzregel** gilt als eingehalten, wenn folgende Bedingung erfüllt ist:

Eigenkapital > Summe Anlagevermögen

Da dies jedoch häufig nicht vollumfänglich möglich ist, errechnet man die Anlagendeckung I, um einen prozentualen Anteil an der Erreichung der Goldenen Bilanzregel ausdrücken zu können. Hier sollten, um von einer langfristig soliden und ausgewogenen Finanzierung sprechen zu können, 80 % bis 100 % Anlagendeckung I erreicht werden.

$$Anlagendeckung\ I = \frac{Eigenkapital}{Summe\ Anlagevermögen} \times 100$$

Da viele Unternehmen diese Hürde kaum zu überspringen in der Lage sind, argumentiert man ersatzweise über die **Silberne Bilanzregel** bzw. über die **Anlagendeckung II**. Die Silberne Bilanzregel gilt als erfüllt, wenn:

Eigenkapital + langfristiges Fremdkapital > Summe Anlagevermögen

$$Anlagendeckung\ 2 = \frac{Eigenkapital + langfristiges\ Fremdkapital}{Summe\ Anlagevermögen} \times 100$$

Alternativ wird hier die Anlagendeckung II errechnet, die einen prozentualen Anteil von mindestens 80 % aufweisen sollte, da sonst von einer nicht ausgewogenen Finanzierungsstruktur der Unternehmung ausgegangen werden muss. Diese äußert sich meist in einer mittelfristigen Ertragsschwäche des Unternehmens, da zuviel „teures" Fremdkapital zur Finanzierung von langfristigen Vermögensgegenständen eingesetzt wird.

5.3.7. Die Liquiditätskennzahlen

Liquidität bezeichnet die Fähigkeit eines Unternehmens, seinen kurzfristigen Zahlungsverpflichtungen jederzeit nachkommen zu können, ohne dass „Notverkäufe" betriebsnotwendiger Vermögensteile (Anlagevermögen) erforderlich werden.

Mit Hilfe der Liquiditätsanalyse versucht man, Illiquiditätsrisiken zu erkennen und ihre Bedrohlichkeit einzuschätzen. Gerade kommunale Beteiligungen können bei ihren Gesellschaftern, den Kommunen, zu erheblichen Einschnitten in den öffentlichen Haushalt aufgrund des notwendigen Ausgleichs der Illiquidität führen. Kurzfristig drohenden Liquiditätsengpässen ist erfahrungsgemäß schwerer zu begegnen als mittel- und langfristig erkennbaren strukturellen Problemen mit Finanzmitteln. Eine wesentliche Aufgabe des Finanzcontrollings besteht darin, insbesondere die kurzfristig vorhandenen sowie eingehenden Zahlungsmittel und die in naher Zukunft zu erwartenden Zahlungsausgänge termingerecht und betragsmäßig zu planen, zu überwachen und im Rahmen von Ein- und Auszahlungen aufeinander abzustimmen. Aus Sicherheitsgründen wird meistens ein sogenannter Liquiditätspuffer, auch in Form einer Kontolinie, gehalten.

Kap. 5.3, Bild 10: Liquiditätskennzahlen im Überblick

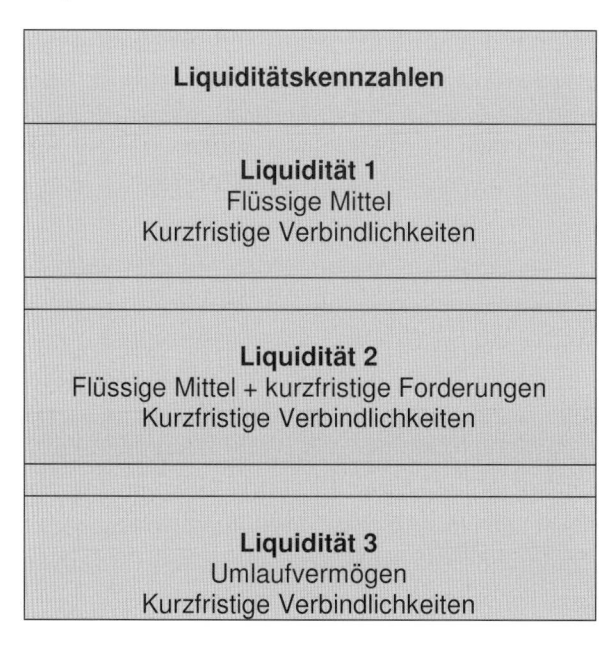

Liquiditätskennzahlen
Liquidität 1 Flüssige Mittel Kurzfristige Verbindlichkeiten
Liquidität 2 Flüssige Mittel + kurzfristige Forderungen Kurzfristige Verbindlichkeiten
Liquidität 3 Umlaufvermögen Kurzfristige Verbindlichkeiten

© REFA

Für kurzfristige Liquiditätsbetrachtungen verwendet man **Liquiditätsgrade**. Hierbei handelt es sich um Relationen liquider bzw. kurzfristig liquidierbarer bilanzierter Vermögenswerte zu kurzfristig fälligen Verbindlichkeiten.

Die Liquidität 1

Die Liquidität 1 (Bar-Liquidität) weist den Anteil flüssiger Mittel im Verhältnis zu den kurzfristigen Verbindlichkeiten aus.

Zweckmäßig ist es, den zur kurzfristigen Ausschüttung vorgesehenen Bilanzgewinn in die kurzfristigen Verbindlichkeiten einzubeziehen. Oftmals rechnen Unternehmen auch die zugesagten offenen Kreditlinien in die flüssigen Mittel mit ein. Dies sollte dann aber unbedingt bei der Präsentation der Liquidität 1 bekannt gegeben werden, um nicht zu falschen Bewertungen oder Vergleichen zu gelangen.

$$\text{Liquidität 1} = \frac{\text{Flüssige Mittel (Bank/Kasse)}}{\text{Kurzfristige Verbindlichkeiten}} \times 100$$

Eine allgemeingültige Empfehlung für die Höhe der Liquidität 1. Grades gibt es nicht. Dennoch wird man eine Barliquidität unter zehn Prozent als Ausdruck akut angespannter Liquidität interpretieren müssen. Hierbei wird allerdings unterstellt, dass diese Kennzahlen nicht nur eine zufällig am Bilanzstichtag eingetretene, eventuell von der Unternehmensleitung bilanzpolitisch beeinflusste Liquiditätssituation widerspiegeln, sondern typisch für das gesamte Geschäftsjahr sind. Ob diese Voraussetzungen als erfüllt gelten, lässt sich möglicherweise durch einen Vergleich mehrerer Jahres- oder auch Monatsabschlüsse überprüfen.

Barliquiditäten bewegen sich häufig auf einem ausgesprochenen geringen Niveau, weil eine unnötig hohe Liquidität 1. Grades die Rentabilität vermindern kann. Im Übrigen lässt sich bei kurzfristig eintretenden Liquiditätsanspannungen in der Regel über zugesagte, aber noch nicht beanspruchte Kreditlinien von Hausbanken verfügen. Schließlich darf nicht vergessen werden, dass Liquiditätsgrade auf den Verhältnissen am Bilanzstichtag basieren und somit tendenziell im Rahmen der „Bilanzkosmetik" als positiv von der Unternehmensleitung darstellbar scheinen.

Die Liquidität 2

In der Praxis ist die Liquidität 2 von wesentlicher Bedeutung bei der Steuerung der Liquidität. Zu ihrer Ermittlung zieht man neben den flüssigen Mitteln alle kurzfristig, d.h. spätestens innerhalb eines Jahres liquidierbaren Gegenstände des Umlaufvermögens heran. Dazu gehören die Forderungen aus Lieferung und Leistung und sonstige Vermögensgegenstände mit einer Restlaufzeit unter einem Jahr.

Vorsichtshalber bleiben die gesamten Vorratsbestände unberücksichtigt; ihre Veräußerung und die entsprechenden Zahlungseingänge könnten einen längeren Zeitraum beanspruchen. **Die Summe aus flüssigen Mitteln (Kasse, Bank) und kurzfristigen Forderungen (< 1 Jahr) im Verhältnis zu kurzfristigen Verbindlichkeiten (< 1 Jahr) bezeichnet man als Liquidität 2.**

$$Liquidität\ 2 = \frac{Flüssige\ Mittel + kurzfristige\ Forderungen}{Kurzfristige\ Verbindlichkeiten} \times 100$$

Zwecks fristenkongruenter Finanzierung verlangt die Praxis für die Liquidität 2. Grades Werte um 100 %; unter 80 % beginnen akute Liquiditätsprobleme verbunden mit Mahnbescheiden und verspäteten Zahlungen, beispielsweise von Löhnen und Steuern. Eine Liquidität 2 von unter 60 % bedeutet in der Regel eine akute Insolvenzgefahr für das Unternehmen vor dem Hintergrund nicht mehr sichergestellter Zahlungsfähigkeit.

Bei Liquiditäten kleiner oder gleich 50 % wird in der Praxis eine drohende Zahlungsunfähigkeit nach Insolvenzordnung vermutet. Hier sind der oder die Geschäftsführer dringend aufgefordert, über einen Insolvenzantrag kritisch zu entscheiden, um strafrechtliche und privatrechtliche Haftungsrisiken auszuschließen.

Die Liquidität 3

Die Liquidität 3. Grades drückt aus, wie viel Prozent des kurzfristigen Fremdkapitals bei einer kompletten Verflüssigung der Positionen des Umlaufvermögens an Zahlungsmitteln bereitständen, um alle bilanzierten kurzfristigen Zahlungsverpflichtungen zu begleichen.

$$\text{Liquidität 3} = \frac{\text{Flüssige Mittel + kurzfristige Forderungen + Vorräte}}{\text{Kurzfristige Verbindlichkeiten}} \times 100$$

Da eine komplette Veräußerung des Umlaufvermögens weder den Absichten einer fortzuführenden Unternehmung entspricht noch problemlos kurzfristig durchführbar sein dürfte, informiert eine auf diese Weise ermittelte Kennzahl über das im Notfall in kurzer Zeit voraussichtlich realisierbare Liquiditätspotential. In der Praxis wird eine Liquidität 3 von ca. 200 % angestrebt.

Trotz der Kritik am Aussagehalt kurzfristiger statischer Liquiditätskennzahlen und -regeln kommt ihnen eine nicht zu unterschätzende Bedeutung zu. Einerseits lassen sich aus umfangreichen Zeit-, Branchen- und Betriebsvergleichen Erkenntnisse über die Entwicklung und Einstufung des Unternehmensliquiditätsstatus gewinnen. Andererseits ist bekannt, dass vorzugsweise Kreditinstitute zur Überprüfung der Kreditwürdigkeit vielfach allgemein anerkannte Finanzierungsregeln auf der Basis von Anlagendeckungs- und Liquiditätsgraden verwenden. Ein an der Kreditaufnahme interessiertes Unternehmen muss daher an die Einhaltung solcher Regeln denken, möglichst schon bei der Planung von Investitionen und Finanzen.

Die nachfolgende Abbildung zeigt die Ausprägungen der Liquidität 1 – 3 in Bezug auf eine Kreditvergabe nach Basel II und eine Würdigung der Insolvenzproblematik. Selbstverständlich können auch hier erhebliche branchenbedingte Abweichungen von diesen Zahlen möglich sein.

Kap. 5.3, Bild 11: Liquidität 1 – 3 unter Basel II - und Insolvenzaspekten

	L 1	L 2	L 3
Insolvenzgefahr	< 5 %	< 60 %	< 150 %
Akute Insolvenzgefahr	< 1 %	< 50 %	< 100 %
Minimale Basel II – Bedingung	> 3 %	> 80 %	> 180 %
Basel II - Bedingung	> 5 %	> 100 %	> 200 %

5.3.8. Die Ertragskennzahlen

Ertragswirtschaftliche Jahresabschlussanalysen treffen Aussagen über die wirtschaftliche Ertragskraft eines Unternehmens. Darunter versteht man dessen Fähigkeit, zukünftig Erfolge nachhaltig erwirtschaften zu können.

Untersuchungsschwerpunkte bilden die Erfolgsquellen sowie ausgewählte Rentabilitäten.

Um abschätzen zu können, welcher nachhaltige Periodenerfolg aus der eigentlichen **betrieblichen Tätigkeit** resultiert, ist vor allem das regelmäßig zu erwartende Betriebsergebnis aus dem handelsrechtlich auszuweisenden Ergebnis aus gewöhnlicher Geschäftstätigkeit herauszufiltern.

Kapitalrentabilitäten weisen die jährliche Verzinsung (Rendite) des eingesetzten Kapitals aus.

Eigenkapitalrentabilität

Brutto-Renditen – sie gehen vom Ergebnis vor Steuern aus – werden für externe und interne Gegenüberstellungen gebraucht, weil sie die Erfolgsauswirkungen ungleicher Steuerbelastungen aufgrund unterschiedlicher Rechtsformen (Personen- und Kapitalgesellschaften) und/oder Ausschüttungspolitik bilanzanalytisch ausschalten. Vor allem die Unternehmenseigentümer (geschäftsführende Gesellschafter, Aktionäre usw.) möchten wissen, ob und in welchem Maße sich ihr Eigenkapitaleinsatz im Vergleich zur oftmals sichereren Alternativanlage gelohnt hat. Darüber informiert diese Kennzahl:

$$Eigenkapitalrentabilität = \frac{\mathit{Jahresüberschuss/Jahresfehlbetrag\ v.\ Steuer}}{\mathit{Kurzfristige\ Verbindlichkeiten}} \times 100$$

Im Rahmen von Rentabilitätsbeurteilungen sollte neben den spezifischen, stark branchenabhängigen Unternehmensrisiken die Attraktivität alternativer Kapitalanlagen in die Überlegung einbezogen werden. Weitgehend risikolos bei Kreditinstituten angelegtes Geld garantiert erfahrungsgemäß – je nach Kapitalmarktsituation und Anlagedauer – Zinsen in Höhe von 3 bis 10 % jährlich. Die Verzinsung von Kapital, das unternehmerischen Risiken ausgesetzt ist, muss auf Dauer deutlich über den von der Kreditwirtschaft angebotenen Zinssätzen liegen.

Ansonsten wird sich ein Unternehmer überlegen, ob es nicht vorteilhafter und risikoärmer sei, seinen Betrieb aufzulösen und das freiwerdende Kapital ohne wesentliche unternehmerische Risiken ertragbringend bei Kreditinstituten anzulegen.

Gesamtkapitalrentabilität

Um den Einfluss unterschiedlicher Kapitalstrukturen auf die Rentabilität auszuschalten, werden Gesamtkapitalrentabilitäten ermittelt, die über die jährliche Verzinsung des insgesamt im Unternehmen eingesetzten Kapitals informieren.

Da Jahresüberschuss und Fremdkapitalzinsen durch den gemeinsamen Einsatz von Eigen- und Fremdkapital erwirtschaftet werden, ist die Gesamtkapitalrendite folgendermaßen zu berechnen:

$$Gesamtkapitalrentabilität = \frac{Jahresüberschuss/\text{-}fehlbetrag + Fremdkap.\text{-}Zins.}{Bilanzsumme} \times 100$$

Neben der Möglichkeit, interne und externe finanzierungsneutrale Unternehmensvergleiche (Benchmarking) zu praktizieren, bietet die Gesamtkapitalrendite Anhaltspunkte bei Finanzierungsentscheidungen. Die Aufnahme fremder Mittel ist grundsätzlich wirtschaftlich zweckmäßig, wenn die fremdfinanzierten Investitionen einen höheren Ertrag versprechen als das aufgenommene Fremdkapital Zinsaufwendungen verursacht. Eine über den Fremdkapitalzinsen liegende Gesamtrendite bewirkt, durch weitere Kreditaufnahme den Jahresüberschuss zu vergrößern und die Rentabilität des eingesetzten Eigenkapitals zu steigern.

5.3.9. Zusammenfassung

Die unten stehende Übersicht präsentiert das REFA-Kennzahlensystem zur Bilanzanalyse und zur operativen Steuerung eines Unternehmens.

Kap. 5.3, Bild 12: REFA-Kennzahlensystem

Top – Kennzahlen		
Umsatzrendite v./n. Steuer	*ROI-System*	*Cash flow überschlägig*
Strukturanalyse	**Liquidität**	**Erfolgsanalyse**
Anlagevermögensquote Umlaufvermögensquote	Liquidität 1	Eigenkapitalrentabilität
Eigenkapitalquote Fremdkapitalquote	Liquidität 2 Liquidität 3	Gesamtkapitalrentabilität
Goldene Bilanzregel Silberne Bilanzregel		

Das **REFA-Kennzahlensystem** hat besonders dann einen hohen Informationswert, wenn zur Interpretation der Kennzahlen ein Vergleich mit anderen vergangenheitsorientierten Zahlen oder Vorgabewerten durchgeführt wird.

Ebenso sollte der Blick stets in Richtung Insolvenz und Basel II gerichtet sein. Aus diesem Grunde werden bei der **Auswertung** auch **drei verschiedene Kennzahlen** einander **gegenübergestellt**:

**Ist-Kennzahlen des laufenden Jahres,
Ist-Kennzahlen der vergangenen 5 Jahre und
Soll-Kennzahlen aus dem Budget des laufenden Jahres.**

© REFA

5.4. Kennzahlen für das Controlling von Leistungen

Leistungsbegriff

Eine Leistung ist betriebswirtschaftlich definiert als die mit Geld bewertete betriebliche Güter- und Dienstleistungserstellung innerhalb einer Periode.

In der Privatwirtschaft besteht ein systematischer Bezug zu den Erträgen aus der Leistungserstellung.

In der Welt öffentlicher Dienstleistungen dagegen kann der Ertrag bei gebührenpflichtigen Leistungen auf Vollkostenbasis identisch sein mit den Kosten. Er wird durch Steuereinnahmen ausgedrückt oder definiert durch Transferleistungen anderer Verwaltungsebenen. Der Bezug zum Ertrag aus der Leistungserstellung ist nicht wie in der privaten Wirtschaft an die Vermarktung von Leistungen gegen Marktpreise geknüpft.

Um Verzerrungen in der Darstellung zu vermeiden, gestaltet es sich als sinnvoll, in der **öffentlichen Verwaltung** den Begriff „**Leistung**" vom **Ertrag** zu **entkoppeln** und ihn **synonym** mit dem **Begriff „Output"** zu verwenden:

Outputbegriff

Der Output ist der rein mengenmäßige Ertrag, der Ausstoß oder die Ausbringung eines Betriebes bzw. einer Organisations- oder Leistungseinheit innerhalb einer Periode.

Wenn wir also weiterhin von Leistungskennzahlen in der öffentlichen Verwaltung sprechen, so meinen wir den rein mengenmäßigen Output der Erstellung der Leistung.

5.4.1. Vom Produkt zur Leistungskennzahl

Entscheidende Fragen für die Erarbeitung von Leistungskennzahlen lauten wie folgt:

Welches sind unter Berücksichtigung der Produktsystematik und der operativen und strategischen Zielsetzung eines Amtes oder einer Behörde die zentralen Outputs, die die Organisation im Ergebnis der Leistungserstellung verlassen und den Abnehmern entgeltlich oder unentgeltlich zur Verfügung gestellt werden?

Mit welchen Kennzahlen lassen sich diese „Ausbringungsmengen" messen und vergleichbar machen?

Sie lassen sich umso leichter beantworten, je unmittelbarer eine Verwaltung Standardprodukte auf Anfrage und Antrag durch BürgerInnen erzeugt (Personalausweise, Wohngeldanträge, Bestattungen usw.).

Je individueller die Leistung der Verwaltung und je weniger es möglich ist, Standardauslöser und -aufwand zu definieren, desto mehr Vorarbeiten werden notwendig, um sinnvolle Kennzahlen zu erarbeiten.

Beispiel:
Einfache, mittlere und vielschichtige Baugenehmigungs- oder Asylbewerbungsverfahren nach unterschiedlich komplex zu bearbeitenden Herkunftsländern der BewerberInnen oder unterschiedlich komplexe Gesetzgebungsverfahren und Stellungnahmen.

Im Extremfall wird eine Leistung als Projekt aufgefasst, sind projektbezogene Leistungsziele und Kennzahlen zu erarbeiten oder nur die tatsächlich angefallenen Arbeitsstunden finden Darstellung. Letztes bedeutet den fließenden Übergang zwischen Input- und Outputkennzahlen.

Beispiele für Leistungskennzahlen nach Produkten und Leistungen zeigt das folgende Bild:

Kap. 5.4, Bild 1: Leistungskennzahlen Beispiele

Nr.	Produkt/Leistung	Leistungskennzahlen
1	Gesundheitsförderung	Anzahl realisierter Schutzimpfungen zu Potenzialzahlen (1)
2	Gesundheitsschutz	Anzahl überprüfter Hygienepläne (Heime) zur Gesamtzahl (2)
3	Grundstücksverkehr	Anzahl verkaufter Objekt-qm zur Planzahl (3)
4	Ausländerangelegenheiten	Anzahl bearbeiteter Einbürgerungsanträge pro Mitarbeiter (4)
5	Vorbeugender Brandschutz	Anzahl Ist-Brandschauen zu Planzahlen (5)
6	Theater	Anteil von Kindern/Jugendlichen an Besucherzahl (6)
7	Stadtbibliothek	Anzahl Ausleihen pro Benutzer zur Vorjahreszahl (7)
8	Kindertagesbetreuung	Anzahl betreuter Kinder pro Stelle (8)
9	Fortbildung	Durchschnittsauslastung der Seminare zum Thema XY (9)

5.4.2. Erfassung und Steuerung mit Leistungskennzahlen

Anhand vorgenannter Beispiele erläutern wir nun jeweils Erfassung und Steuerung mit Kennzahlen:

Impfquote

Die Impfquote muss durch die Ärzte und das Assistenzpersonal laufend durch Dateneingabe zeitnah erfasst und in größeren Dateneinheiten aggregiert werden.

Bei unterjährig relevanten Abweichungen nach unten wären entweder informierende und aufklärende Maßnahmen im Umfeld des Klientel (z.B. Schulen, Kindergärten) denkbar und zu empfehlen oder in Zusammenarbeit mit dem pädagogischen Personal strukturelle (repressive) Maßnahmen, wie beispielsweise der Schulzahnarztbesuch mit Bestätigungsvermerken usw.

Hygieneprüfquote

Grundlage für die Leistungserfassung bilden hier die Leistungsnachweise und Prüfberichte der Pflegekräfte und Ärztinnen und Ärzte.

Steuerungsansätze bei Abweichungen: z.B. Korrekturen an der Prüfintensität, logistische Optimierungen der An- und Abreiseorganisation sowie veränderte Prioritätenfixierung bei Prüfkräften, wenn hier temporäre Engpässe aufgrund anderer relevanter Aufgaben zu verzeichnen sind.

Verkaufsquote

Hier bedeuten die Verkaufsverträge mit ihren Anlagen und die Jahresplanzahlen auf der anderen Seite die Grundlage für die Leistungserfassung.

Steuerungsansätze bei Abweichungen: die Mindestverkaufspreise pro qm, aber auch strategische sowie neue Nutzungskonzeptionen und Verkaufskooperationen.

Antragsproduktivität

Als Leistungserfassungsbasis kommt hier die Erledigungsstatistik der Führungskraft, die bei IT-gestützter Bearbeitung unmittelbar im workflow generiert werden kann, zur Anwendung.

Steuerungsansätze bei Abweichungen: Prozessoptimierungen oder Auslastungsanalysen bis hin zu Multimomentaufnahmen und das Einführen neuer Arbeitsstrukturen (ergebnisverantwortliche Gruppenarbeit).

Brandschauintensität

Die Grundlage für die Leistungserfassung stellen hier die Leistungsnachweise und Prüfberichte der Prüferinnen und Prüfer dar.

Steuerungsansätze bei Abweichungen: Detaillierungsgrad der Prüfkriterien oder auch neue Prioritätensetzung zwischen den Aufgaben der Prüferinnen und Prüfer.

Theaterkinderquote

Die Leistungserfassung beruht hier auf Zählergebnissen im Hinblick auf die tatsächliche Menge an jugendlichen Theaterbesuchern.

Steuerungsansätze bei Abweichungen: gezielte Veränderungen des Programms in Abstimmung mit Repräsentanten der Theaterbesucher, Werbemaßnahmen in Schulen und Kindergärten, aber auch Anreizaktionen, wie z.B. Wettbewerbe, Preisausschreiben, Kreativworkshops.

Ausleihintensität

Grundlage der Leistungserfassung bilden hier die Auswertungen der Ausleihprogramme.

Steuerungsansätze bei Abweichungen: Angebotspolitik überdenken, Kooperationen mit anderen Anbietern, Werbemaßnahmen und die neue Gestaltung von Ausleihrahmenbedingungen.

Betreuungsquote

Hier erfolgt die Leistungserfassung durch Kontrakte zur Kinderbetreuung und die Arbeitsverträge der ErzieherInnen.

Steuerungsansätze bei Abweichungen: je nach rechtlichen und kommerziellen Rahmenbedingungen z.B. shared services (Dienstleistungskooperationen) mehrerer Kindergärten oder Angebotspolitik und Werbemaßnahmen.

Auslastungsgrad

Anhand der Seminarstatistiken, die in der Regel im Ergebnis des Anmeldeverfahrens erzeugt werden, erfolgt hier die Leistungserfassung.

Steuerungsansätze bei Abweichungen: Maßnahmen zur inhaltlichen Veränderung des Angebotes, zum Einsatz neuer didaktischer Methoden sowie neuer TrainerInnen, aber auch veränderte Werbestrategien.

5.5. Kennzahlen für das Controlling von Qualität und Kundenzufriedenheit

Nach der Normenreihe DIN EN ISO 9000:2000 ist Qualität „der Grad, in dem ein Satz inhärenter Merkmale Anforderungen erfüllt."

Jedem Produkt, jeder Dienstleistung wohnen also Eigenschaften (Merkmale) inne. Je mehr diese Eigenschaften vorausgesetzte oder von der Kundschaft gestellte Anforderungen erfüllen, desto besser ist die Qualität der Leistung.

Der Grad der Wahrnehmung durch den Kunden wird als **Kundenzufriedenheit** bezeichnet.

Während es in Deutschland bis in die 70er Jahre üblich war, ausschließlich die Ergebnisqualität von Produkten zu kontrollieren und zu steuern, hat sich seit den 90er Jahren im Einklang mit der internationalen Entwicklung durchgesetzt, Qualitätsmanagementsysteme einzuführen und zu betreiben, die auch die **Prozess- und Managementqualität** bei der Leistungserstellung fokussieren.

Grundlage der Qualitätsmanagement-Systeme sind unterschiedliche Normen und Standards. Hierzu gehört die Normenreihe DIN EN ISO 9000:2000, das EFQM-Modell und insbesondere für die öffentlichen Verwaltungen das CAF (Common Assessment Framework).

Die **Normenreihe DIN EN ISO 9000:2000** ist eine branchenunspezifische europäische Norm, erarbeitet und in Kraft gesetzt durch die Kooperation der nationalen Normungsinstitute. Sie definiert Anforderungen an das Management eines QM-Systems auf den vier Feldern Management, Prozesse, Ressourcenbereitstellung und an das Messen, Analysieren und Verbessern. Sie ist Grundlage für die Zertifizierung von QM Systemen.

Das **EFQM-Modell** für Excellence (European Foundation for Quality Management) wurde durch die gemeinnützige Stiftung, die über 800 Mitglieder (Firmen und Organisationen) zählt, entwickelt. Im Unterschied zur o.g. Norm richten sich hier die Anforderungen auf neun Felder. Dabei spielen auch mitarbeiterbezogene Aspekte, gesellschaftliche Ergebnisse und der Erfolg eines Unternehmens eine Rolle.

Das EFQM-Modell kann die Basis der Selbstbewertung von Organisationen sein. Es bildet die Grundlage für die jährliche Bewerbung um den europäischen Qualitätspreis und in Deutschland um den Ludwig-Erhard-Preis. Das EFQM-Modell ist branchenunspezifisch.

Basierend auf dem EFQM-Modell entwickeln die für die öffentlichen Verwaltungen zuständigen Ministerien der Europäischen Union das **gemeinsame europäische Qualitätsbewertungssystem (CAF)**, den Leitfaden für öffentliche Verwaltungen im Hinblick auf Selbstbewertungen, Leistungsverbesserungen und Benchmarking, dessen Intention eine Art Bindenglied zwischen den verschiedenen QM-Modellen bedeutet.

Das CAF-Modell wird durch das Deutsche CAF-Zentrum in Speyer gepflegt und stellt Anforderungen an eine Organisation auf den folgenden neun Gebieten:

1) Führungseigenschaften,
2) Personalmanagement,
3) Strategie und Planung,
4) Ressourcen,
5) Prozess- und Veränderungsmanagement,
6) mitarbeiterbezogene Ergebnisse,
7) kundenbezogene Ergebnisse,
8) gesellschaftsbezogene Ergebnisse und
9) Leistungsergebnisse der Organisation.

Ganz gleich, auf welcher Grundlage die Elemente eines QM-Systems eingeführt werden – die Bezugsobjekte für die Erarbeitung, Messung und das Analysieren von Kennzahlen sind die Qualitätsmerkmale in den Prozessen und bei den Ergebnissen.

Qualitätscontrolling kann sich entweder mit der **Wirksamkeit** eines QM-Systems oder mit seiner **Wirtschaftlichkeit** auseinandersetzen (Qualitätskostencontrolling). Wir konzentrieren uns hier auf den Bereich des Controlling der **Wirksamkeit** von QM-Maßnahmen und -Elementen (zur Umsetzung eines prozessorientierten Qualitätsmanagement-Systems und zur Methodenanwendung im Qualitätsmanagement vgl. REFA-Seminar „Qualitätsmanagement").

Eine systematische Bewertung des Ist-Zustandes einer Organisation hinsichtlich grundsätzlicher Qualitätsanforderungen kann im Rahmen eines Qualitäts-Orientierungsaudits zu Beginn der Einführung von qualitätsbezogenem Controlling stehen.

Eine Systematik zur Erfassung von anforderungsbezogenen Wichtigkeitsgraden (W) und Erfüllungsgraden (E) von Qualitätsanforderungen in einem Audit zeigt das nächste Bild.

Kap. 5.5, Bild 1: Formular zur Erfassung der Erfüllung von Qualitätsanforderungen (siehe nächste Seite)

Orientierungsaudit
Qualitätsmanagement

Datum:

Kernbereich: Management

Auditierter Bereich:		Auditdurchführung/-Leitung:				
Nr.	Anforderungen z.B. nach DIN EN ISO 9000:2000 oder EFQM	W	E1 25%	E2 50%	E3 75%	E4 100
1.1	Qualitätsziele sind festgelegt und					
1.2	den Mitarbeitern bekannt und verständlich.					
1.3	Anforderungen der Kunden sind ermittelt und bekannt.					
1.4	Forderungen der Kunden sind in Zielen berücksichtigt.					
1.5	Es existiert ein/e Qualitätsverantwortliche/r.					
1.6	Die Qualitätsziele sind messbar.					
1.7	Es müssen angemessene Maßnahmen zur Erreichung der Qualitätsziele und Erfüllung der Kundenforderungen im Rahmen der Planung ergriffen worden sein.					
1.8	Das Management-System inkl. aller qualitätsrelevanter Prozesse) ist in Handbuch, Verfahrens- und Arbeitsanweisungen beschrieben.					
1.9	Für Dokumente mit Vorgabecharakter ist eindeutig geregelt, wie sie erarbeitet, freigegeben, verteilt, geändert und aus dem Verkehr gezogen werden.					
1.10	Für alle Qualitätsaufzeichnungen ist eindeutig geregelt, wer sie führt, auswertet, Konsequenzen zieht und aufbewahrt.					
1.11	Es wird regelmäßig eine Bewertung der Wirksamkeit des Management-Systems durchgeführt (Review).					
1.12	Es ist klar geregelt, wer bei Prozessen welche Verantwortung und Befugnis innehat.					
1.13	Alle Prozesse sind auf die Erfüllung der Kundenanforderungen ausgerichtet.					
1.14	Der Qualitätsbeauftragte schafft Bewusstsein für die Erfüllung der Kundenforderungen bei Mitarbeitern.					
1.15	Die ständige Verbesserung wird gelebt.					
1.16	Die oberste Leitung stellt die nötigen Mittel an Personal und weiteren Ressourcen zur Verfügung.					

Beispiele wichtiger Qualitätskennzahlen und Indikatoren sind dem folgenden Bild zu entnehmen.

Kap. 5.5, Bild 2: Qualitätskennzahlen Beispiele

Nr.	Produkt/Leistung	Qualitätskennzahlen
1	Bauaufsicht	(1) Anzahl erfolgreicher Widersprüche zur Antragszahl
2	Inobhutnahmen	(2) Anzahl erfolgreicher Perspektivplanungen innerhalb einer vorgegebenen Frist zu Fallzahlen
3	Rechtsberatung	(3) Anzahl zufriedener Kunden nach Beratung zu Kunden
4	Berufliche Bildung	(5) Anzahl erfolgreicher Absolventen, die innerhalb eines halben Jahres nach den Prüfungen einen Anstellungsvertrag haben

5.5.1. Erfassung und Steuerung mit Qualitätskennzahlen

An den vorgenannten Beispielen wird die Erfassung von und die Steuerung mit Qualitätskennzahlen erläutert:

1) Widerspruchsquote
Grundlage der Erfassung bilden hier die Daten aus Rechtsabteilung und Antragsstatistik.

Steuerungsansätze: gezielte Maßnahmen der Qualifizierung des antragsbearbeitenden Sachpersonals.

2) Planungsquote Inobhutnahmen
Die Basis dafür stellen die Aufzeichnungen aus den Sozialberatungsstellen dar.

Steuerungsansätze: Maßnahmen zur besseren Arbeitsorganisation in den Beratungsstellen oder engere Zusammenarbeit mit den Einrichtungen zur Inobhutnahme von Kindern und Jugendlichen.

3) Zufriedenheitsquote
Bedeutend für als Maßstab ist die Auswertung der schriftlichen Kundenbefragungen über einen längeren Zeitraum. Grundlage bildet hier eine kontinuierliche Auswertung der schriftlichen Kundenbefragungen, die über einen längeren Zeitraum vergleichbare Fragen vorliegen.

Steuerungsansätze können hier zum Beispiel qualitative Maßnahmen sein, die durch gezieltere Vorbereitung eines Beratungsgespräches auf beiden Seiten letztlich die Effizienz der Gesprächs selbst erhöht.

4) Absolventenanstellungsquote
Grundlage der Erfassung bilden hier einerseits die Prüfungsstatistik und andererseits nachträgliche Befragungen von Absolventen.

Steuerungsansätze können hier vor allem eine engere Zusammenarbeit zwischen Schule und Betrieben sowie gezielte Maßnahmen zur Verbesserung der Praxisorientierung der beruflichen Bildung und ergänzende Aktivitäten, wie Bewerbungstraining sein

5.6. Kennzahlen für das Controlling von Prozessen

5.6.1. Prozesse

Ein Prozess ist ein Satz von in Wechselbeziehungen stehenden Tätigkeiten oder Arbeitsschritten, durch die Eingaben (Inputs) in Ergebnisse (Outputs) umgewandelt werden.

Beispiel:
Durch den Input: „Antragsstellung" wird der Prozess: „Bearbeitung des Baugenehmigungsantrages" ausgelöst, der den Output „Bescheid" hervorbringt.

5.6.2. Teilprozesse

Jeder Prozess besteht aus verschiedenen Teilprozessen, die jeweils durch eigenständige In- und Outputs definiert sind.

Beispiel:
Im Rahmen des Prozesses „Bearbeitung von Baugenehmigungsanträgen" löst der Input „Antragseingang" den Teilprozess „Vorprüfung" aus, der in dem Output „abgezeichnete Vorprüfung" endet. Dieses Ergebnis wird wiederum zum Input für den nächsten Teilprozess „Beratung"....

5.6.3. Tätigkeiten und Vorgänge

Jeder Prozessschritt setzt sich aus verschiedenen, in sich abgeschlossenen Tätigkeiten und Vorgängen zusammen.

Beispiel:
Die „Vorprüfung" besteht aus den Tätigkeiten: „Sichten der Unterlagen", „Prüfen der Unterlagen auf Vollständigkeit"...

5.6.4. Geschäftsprozesse

Geschäftsprozesse der öffentlichen Verwaltung sind Prozesse, die zur Erstellung von externen Produkten führen.

Externe Produkte können an Bürger/innen oder externe Verwaltungseinheiten abgegeben werden.

Geschäftsprozesse sind von besonderer Bedeutung, da sie

- Ergebnisse für Kunden herstellen (Kundenorientierung)
- Die Wettbewerbsfähigkeit einer Organisation sichern
- Im Rahmen der outputorientierten Budgetierung als Stellschraube für die Effizienz einer Verwaltungseinheit dienen.

Beispiel:
Der Prozess „Bearbeitung von Baugenehmigungsanträgen" ist ein Geschäftsprozess einer Baubehörde.

5.6.5. Unterstützungsprozesse

Prozesse, die zur Erstellung von internen Produkten führen, werden als Unterstützungsprozesse bezeichnet. Interne Produkte werden als Vorleistung oder Zulieferung für externe Produkte benötigt.

Beispiel:
Der Prozess „Einholen und Weiterverarbeiten von Gutachten durch das Landesdenkmalamt" ist ein Unterstützungsprozess, durch den der Geschäftsprozess „Bearbeitung von Baugenehmigungsanträgen" unterstützt wird.

Eine Geschäftsprozessoptimierung erfolgt in den folgenden Schritten.

1) Auftragsklärung
2) Ist-Aufnahme (Prozessidentifikation, Dokumentation und Kennzahlen)
3) Kritische Bewertung
4) Soll-Konzept
5) Umsetzung
6) Geschäftsprozess-Controlling

Wichtige Schritte im Rahmen einer Prozessoptimierung werden im Folgenden erläutert.

Kapitel 5.6, Bild 1: Beispiel für eine Prozessidentifikation in der Ist-Aufnahme

Prozess	1. Bearbeitung von Baugenehmigungsanträgen Input: Antragsstellung; Output: Bescheid
• Teilprozesse	1.1 Vorprüfung Input: Eingang Output: Abzeichnung 1.2 Beratung Input: Vollständige Unterlagen Output: Feststellung des Beteiligungsumfangs 1.3 Beteiligung Input: Beantragung der Beteiligung Output: Abgestimmtes Ergebnis 1.4 Prüfung Input: Abgestimmtes Ergebnis Output: Beendete Prüfung des Antrages 1.5 Bescheiderteilung Input: Beendete Prüfung Output: Zustellung des Bescheides 1.6 Gebührenerhebung .... 1.7 Informationsarbeiten ....
• Prozessschritte	1.1.1 Formale Vorprüfung 1.1.2 Inhaltliche Vorprüfung 1.1.3 Nachfordern von Unterlagen 1.1.4 Zurückweisen des Antrages 1.1.5 Bearbeiten zurückgenommener Anträge

5.6.6. Analyse von Prozessen anhand von Kennzahlen

Nach der graphischen Darstellung des Prozesses erfolgt die Erfassung der relevanten Kennzahlen und Beschreibungsmerkmale mindestens bis auf die Ebene der Teilprozesse. Jede Geschäftsprozessoptimierung ist von Zielvorgaben bestimmt. Die Darstellung und Analyse der Prozesse folgt den Zielvorgaben. Je nach Zielvorgabe kommen unterschiedliche Kennzahlen zur Auswertung und Optimierung von Prozessen in Frage.

Relevante Kennzahlen beziehen sich auf die Zielgröße, dienen der Entwicklung und Umsetzung des Soll-Konzeptes und sind als Voraussetzung für Controlling-Maßnahmen die entscheidenden Stellschrauben.

Die folgenden Prozesskennzahlen können je nach Zielsetzung sinnvoll sein:

- Durchschnittliche Bearbeitungsdauer pro Fall,
- Durchschnittliche Liegezeit pro Fall,
- Durchschnittliche/maximale Durchlaufzeit pro Fall,
- Anzahl bemängelter Fälle zu Gesamtfallzahl/Stichprobe,
- Anzahl erfolgreicher Widersprüche zu Fällen sowie
- Aufwand in Personalstunden/Personalkosten pro Fall/Prozessdurchlauf.

Nachfolgende Bilder zeigen leere bzw. ausgefüllte Formulare zur Dokumentation von Prozessen.

Kapitel 5.6, Bild 2: Formular zur Dokumentation von Prozessen

Prozess: Bedarfsermittlung Fortbildung				
Nr.	Vorgang oder Tätigkeit	verant-wortlich	Hilfsmittel	Bemerkungen/ Kennzahlen
1.	Input			
2.				
3.				
4.				
5.				
6.				
	Output			

© REFA

Kapitel 5.6, Bild 3: ausgefülltes Formular zur Dokumentation von Prozessen

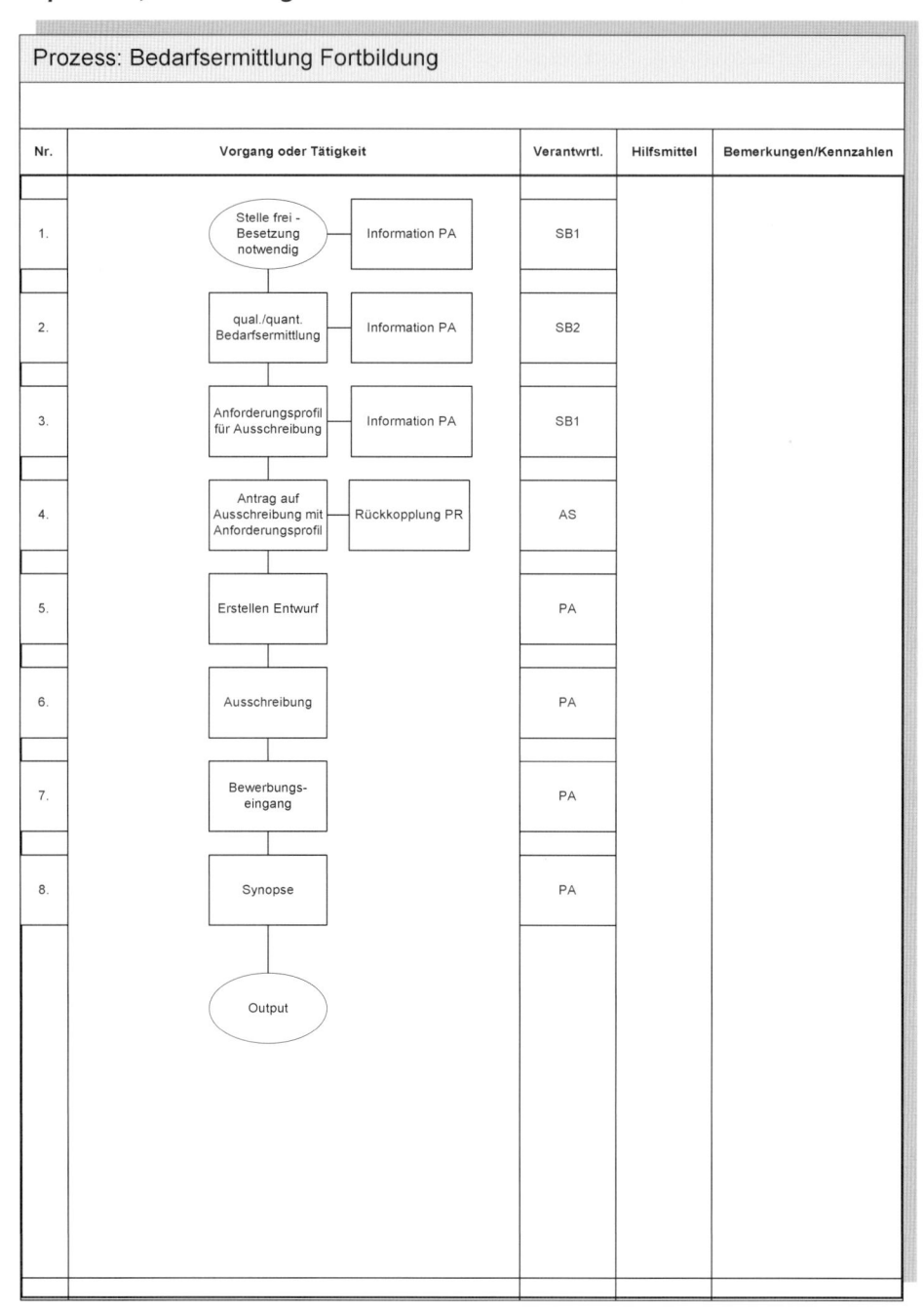

Prozess: Bedarfsermittlung Fortbildung

Nr.	Vorgang oder Tätigkeit		Verantwrtl.	Hilfsmittel	Bemerkungen/Kennzahlen
1.	Stelle frei - Besetzung notwendig	Information PA	SB1		
2.	qual./quant. Bedarfsermittlung	Information PA	SB2		
3.	Anforderungsprofil für Ausschreibung	Information PA	SB1		
4.	Antrag auf Ausschreibung mit Anforderungsprofil	Rückkopplung PR	AS		
5.	Erstellen Entwurf		PA		
6.	Ausschreibung		PA		
7.	Bewerbungseingang		PA		
8.	Synopse		PA		
	Output				

© REFA

Nachfolgend sind einige Beispiel für Prozesskennzahlen eines Produktes dargestellt.

Kapitel 5.6, Bild 4: Beispiele für Prozesskennzahlen

Nr.	Produkt/Leistung	Prozesskennzahlen
1	Baugenehmigung	Durchlaufzeit (1)
2	Baugenehmigung	Bearbeitungszeit (2)
3	Baugenehmigung	Liegezeit, Transportzeit (3)
4	Baugenehmigung	Anteil unvollständiger Anträge (4)
5	Baugenehmigung	Anzahl Rücksprachen mit Amt 4711 pro Antrag (5)

An den oben dargestellten Beispielen für Prozesskennzahlen wird die Erfassung von und das Steuern mit Prozesskennzahlen erläutert.

1) Durchlaufzeit

Grundlage der Erfassung bildet hier die Auswertung von Laufzetteln oder der Daten des Workflow, was kontinuierlich oder in einem repräsentativen Zeitraum erfolgen kann.

Steuerungsansätze: stärkere Trennung der Bearbeitung von Standardfällen und Varianten, das Reduzieren von Schnittstellen in der Bearbeitung.

2) Bearbeitungszeit

wird durch prozessbezogene Ermittlung von Zeitdaten erfasst. Diese können durch Messungen, Zeitaufnahmen, Schätzungen oder Selbstaufschreibungen erfolgen.

Steuerungsansätze: Verzicht auf Bearbeitungsschritte oder Standardisierung von Arbeitsschritten.

3) Liegezeit

Hier werden Laufzettel ausgewertet.

Steuerungsansätze: Veränderung von Unterschriftenregelungen.

4) Unvollständigkeitsquote

Als Basis kommt hier die Statistik der Sachbearbeiter von Baugenehmigungen in Frage. Möglicherweise sind entsprechende Daten auch in der Poststelle zu erheben.

Steuerungsansätze: Erstellung von Checklisten für Antragsteller oder Vorberatung der Architekten.

5) Rücksprachequote

Datenerfassungsgrundlage kann hier eine Strichliste der Bearbeiter sein.

Steuerungsansätze: gemeinsame Vereinbarung der Schnittstellenpartner zu Arbeitsweisen und „Sprachregelungen".

5.7. Kennzahlen für das Controlling von Motivation und Mitarbeiterzufriedenheit

In der öffentlichen Verwaltung und in Unternehmen der öffentlichen Hand verschwindet eine wichtige Grunderkenntnis, bedingt durch den hohen Druck im Hinblick auf die Haushaltskonsolidierung, seit den letzten Jahren aus dem Blickfeld: Die Produktivität eines Amtes, die Qualität der Leistung, die Zufriedenheit der Kundschaft mit den Verwaltungsleistungen hängt maßgeblich davon ab, wie zufrieden die Mitarbeiter mit ihrer Tätigkeit und deren Rahmenbedingungen sind, wie viel Freude sie daran haben, neue Lösungen zu entwickeln oder auch einmal in schwierigen Situationen zu unkonventionellen Mitteln und Einsätzen etc. bereit zu sein.

Wenn Amts- und Behördenleitung in gleicher Intensität über die Zufriedenheit der Beschäftigten nachdenken würden, wie über Instrumente des Haushaltscontrolling sowie Ansätze zur Optimierung der Organisation und Technik, könnten mit größerer Leichtigkeit und aller Wahrscheinlichkeit nach weniger Krankheitsfälle, insbesondere psychosomatisch bedingter, noch mehr und bessere Leistungen für die BürgerInnen erbracht werden.

Diese Erkenntnis ernst zu nehmen bedeutet auch die Zufriedenheit der eigenen Beschäftigten zum Gegenstand beispielsweise von Management- und Controlling-Überlegungen zu machen.

Die erste wesentliche Grundlage hierfür ist eine systematische Erfassung der Mitarbeiteranforderungen, die kontinuierlich auch unterjährig zu verschiedenen Anlässen durchgeführt wird.

Wichtige Instrumente auf diesem Feld unterscheiden sich nicht grundsätzlich von Instrumenten, mit denen die Zufriedenheit von Kunden erfragt wird: Mögliche Instrumente zur Erfassung der **Mitarbeiteranforderungen** können sein:

- Fokusgruppen
- Interviews
- Umfragen
- Entlassungsgespräche
- Mitarbeiter-Vorgesetzten-Gespräche

Ein weiteres Feld für den Einsatz systematischer Instrumente ist die Erhebung der Mitarbeiterzufriedenheit in regelmäßigen Abständen. Die allgemeinen Themen, die in einer Befragung von Mitarbeitern angesprochen werden müssen, umfassen beispielsweise die

1) Bezahlung oder Stellenbewertung,
2) Entwicklungsmöglichkeiten,
3) das Stressniveau am Arbeitsplatz,
4) das Gesamtklima,
5) den Führungsstil im Verhältnis zu festgeschriebenen Leitvorstellungen der Organisation,
6) die Arbeitsbelastungen,
7) die Kompetenz der Vorgesetzten,
8) die Offenheit der Kommunikation,
9) die physische Umgebung und Ergonomie sowie
10) das Sicherheitsgefühl.

Eine Möglichkeit, auch auf dem Feld der Mitarbeiterzufriedenheit mit Kennzahlen oder Indices zu arbeiten, bildet die kontinuierliche Ermittlung eines **Index zur Mitarbeiterzufriedenheit**, der sich aus verschiedenen Faktoren zusammensetzt, die unterschiedlich – aber im Zeitverlauf stets gleich – gewichtet werden. Nachfolgendes Bild liefert hierfür ein Beispiel.

Kapitel 5.7, Bild 1: Index zur Mitarbeiterzufriedenheit

Nr.	Indexbereich	Gewichtung
1.	Umfrageergebnis zum Arbeitsklima (Schulnotenskala)	30 %
2.	Ergebnisse von Fokusgruppen	10 %
3.	Beschwerden, Klagen, Eingaben	10 %
4.	Stressindex	20 %
5.	Tatsächliche Fluktuation	10 %
6.	Krankheitsbedingte Fehlzeiten	10 %
7.	Versetzungsgesuche	10 %
	Summe	100 %

Organisationen, die über ein stabiles und hohes Niveau der Mitarbeiterzufriedenheit verfügen oder diese erreichen und für ihre Performance im Personalbereich ausgezeichnet wurden, messen ihre Mitarbeiterzufriedenheit folgendermaßen:

1) Die Mitarbeiter werden nach gemeinsamen Anforderungen eingeteilt. Durch jährlich durchgeführte systematische Recherchen zur Bestimmung der Anforderungen und ihrer Prioritäten lassen sich Vergleiche anstellen.
2) Formale Umfragen zur Arbeitsmoral und zum Arbeitsklima führt man bei einer hohen Mitarbeiterzahl mindestens einmal jährlich durch.
3) Statistisch erfassen und auswerten kann man hier auch sogenannte „harte" Kennzahlen zur Mitarbeiterzufriedenheit, wie z.B. krankheitsbedingte Fehlzeiten und Fluktuationsraten.
4) Ziele beziehen sich stets darauf, die Mitarbeiter zu begeistern, nicht nur zufriedenzustellen.
5) Einzelne Kennzahlen werden zu einem Zufriedenheitsindex zusammengefasst.
6) Daten vergleicht man mit solchen adäquater Organisationen und analysiert diese. Die Methoden zur Messung der Mitarbeiterzufriedenheit unterliegen ständiger Untersuchung und Verbesserung.

6. Brennpunktthemen

6.1. Ein Dauerbrenner: Das Benchmarking

Was bedeutet Benchmarking?

Der Begriff des Benchmarking stammt aus der Vermessung von Höhenunterschieden und bezeichnet hier einen Basiswert.

Betriebswirtschaftlich gesehen ist das Benchmarking Ende der 1980er Jahre entwickelt worden und stellt eine vergleichende Bewertung von Prozessen, Strukturen, Leistungen und Kosten oder Qualität verschiedener, ähnlicher oder konkurrierender Unternehmen anhand von Kennzahlen dar.

Kernpunkt ist, vom jeweils Besten systematisch zu lernen, um den Erfolg der eigenen Organisation zu verbessern. Benchmarking - geprägt von einer integrierten Gesamtsicht der beteiligten Unternehmen - kann seine potenzielle Wirkung am besten entfalten, wenn folgende Aspekte Berücksichtigung finden:

1) Kooperation und Offenheit zwischen den beteiligten Unternehmen,
2) Kontinuität des Benchmarking-Prozesses,
3) Ganzheitlichkeit der Betrachtungsweise und Prozessorientierung,
4) Bereinigung und Auswahl geeigneter, vergleichbarer Kennzahlen
5) oder Benchmarks für den Prozess.

Das Vorgehen im Rahmen eines Benchmarking-Prozesses besteht aus den folgenden Schritten:

Kapitel 6.1, Bild 1: Vorgehen Benchmarking

1. Planen des Vorhabens und Vereinbarung mit Partnern treffen

⬇

2. Auswahl geeigneter Kennzahlen, Bereinigungen durchführen

⬇

3. Datenerhebung durchführen, Bereitstellen der Daten und Auswertung von Abweichungen

⬇

4. Analyse der Abweichungen, Ermitteln der Best Practice

⬇

5. Maßnahmenpläne zur Verbesserung planen / durchführen

⬇

6. Kontinuierliches Benchmarking, kontinuierliche Verbesserung

Der öffentliche Sektor bedeutet ein erfolgversprechendes Anwendungsfeld für das Benchmarking, da hier die häufig unmittelbare Konkurrenz der Benchmarking-Partner um Kunden und Märkte nicht besteht. Es existiert also eine gute Grundlage für einen offenen Umgang mit etwaigen Abweichungen und Leistungslücken.

Die folgende Darstellung enthält ein Formular zu Erfassung und Auswertung von Benchmarking-Ergebnissen für ein auf das Bauaufsichtsamt bezogene Leistungsfeld enthalten.

Kapitel 6.1, Bild 2: Formular Benchmarking

Benchmarking der Bezirks-Bauaufsicht (Basis-Zeitraum 1 Jahr)						
Leistungsfeld : Baugenehmigungen						
Nr.	Kennzahlen	Bezirk 1	Bezirk 2	Bezirk 3	Bezirk 4	Best	Bemerkung
1	Durchschnittliche Durchlaufzeit in Werktagen	35	38	43	39	Bezirk 1	
2	Durchschnittliche interne Bearbeitungszeit in Minuten	250	280	310	270	Bezirk 1	
3	Durchschnittliche Zahl beteiligter Stellen	3,2	3,5	4,1	3,9	Bezirk 1	
4	Durchschnittliche Zufriedenheit der Antragsteller in Schulnoten	3,4	2,3	4,3	1,8	Bezirk 4	

Bei der Gestaltung eines Benchmarkling-Prozesses im öffentlichen Sektor sollte stets darauf geachtet werden, dass die Beteiligten ein eigenes lebendiges Interesse an den Benchmarking-Ergebnissen haben. Führte ein Benchmarking im Endeffekt nur dazu, dass die Beteiligten auf der Basis Personalstellen abgeben müssen, wird das Potential eines Benchmarking nicht ausgeschöpft. Es wäre dann eher damit zu rechnen, dass vor allem nach Rechtfertigungen für Abweichungen zu den Kennzahlenwerten des jeweils Besten gesucht würde.

6.2. Das Thema mit Zukunft: Wirkungscontrolling

Die internationale Entwicklung auf dem Verwaltungssteuerungssektor sowie die bundesdeutsche Debatte vor dem Hintergrund vielfältiger Erfahrungen bei der Einführung von Instrumenten zur Unterstützung outputorientierter Steuerung wirft eine zentrale These auf:

Betriebswirtschaftlich „kleinteilige" und produktbezogene Steuerung der Verwaltung bedeutet einen winzigen Baustein, um zu besseren Verwaltungsergebnissen zu kommen. Kennzahlensteuerung muss sich - ausgehend von den Produkten - letztlich mit der Frage befassen, in welchem Maße die gesellschaftlichen Wirkungshorizonte der Verwaltung erreicht werden, um bei Abweichungen auch übergreifend steuern zu können. Produktbezogene Steuerung allein kann sogar zu erheblichen Fehlsteuerungen führen!

Beispiel:
Auf kommunaler Ebene soll die Neugründung von Unternehmen gefördert werden, um Arbeitsplätze zu schaffen (Wirkungsziel). Dazu stellt die Stadt kostengünstigen Büroraum zur Verfügung (Output). Zum Anmieten dieser Räumlichkeiten (Verwaltungsprozess der Leistungserstellung) müssen Mittel bereitgestellt werden (Input). Wenn es dadurch zu Neugründungen kommt (Outcome), heißt dies, dass die Maßnahme wirksam war.

Praktisch notwendig ist für die öffentliche Verwaltung, strategische Ziele und Wirkungsziele für die zentralen Wirkungsfelder zu formulieren.

Wurden für jedes Wirkungsfeld messbare Ziele definiert, so ist zu erarbeiten, welche Produkte der Verwaltung einen Zielerreichungsbeitrag liefern. Als sinnvoll erweist sich beispielsweise, dass zu einem Sozialziel „ Reduzierung der Zahl der Jugendlichen ohne einen Ausbildungsplatz im Geltungsbereich einer Verwaltung" die Produkte

- Berufsorientierende Beratung aus dem Dezernat „Schule und Sport",
- Fördermaßnahmen zur Einrichtung von Ausbildungsplätzen aus Dezernat „Wirtschaft und Soziales" und
- „Förderung von Jugendkulturgruppen" aus dem Amt für Kultur

beitragen sollen.

Wirkungscontrolling einzuführen bedeutet dann, für ein jedes Produkt seinen Zielerreichungsbeitrag mit dem entsprechen Gewicht zu definieren. Das Vorgehen bei der Einführung eines Wirkungscontrolling ist zur Zeit wegen der bisher nur vereinzelten Erfahrungen noch nicht standardisierbar. Eine mögliche Vorgehensweise lässt sich wie folgt darstellen:

Kapitel 6.2, Bild 1: Vorgehen Wirkungscontrolling

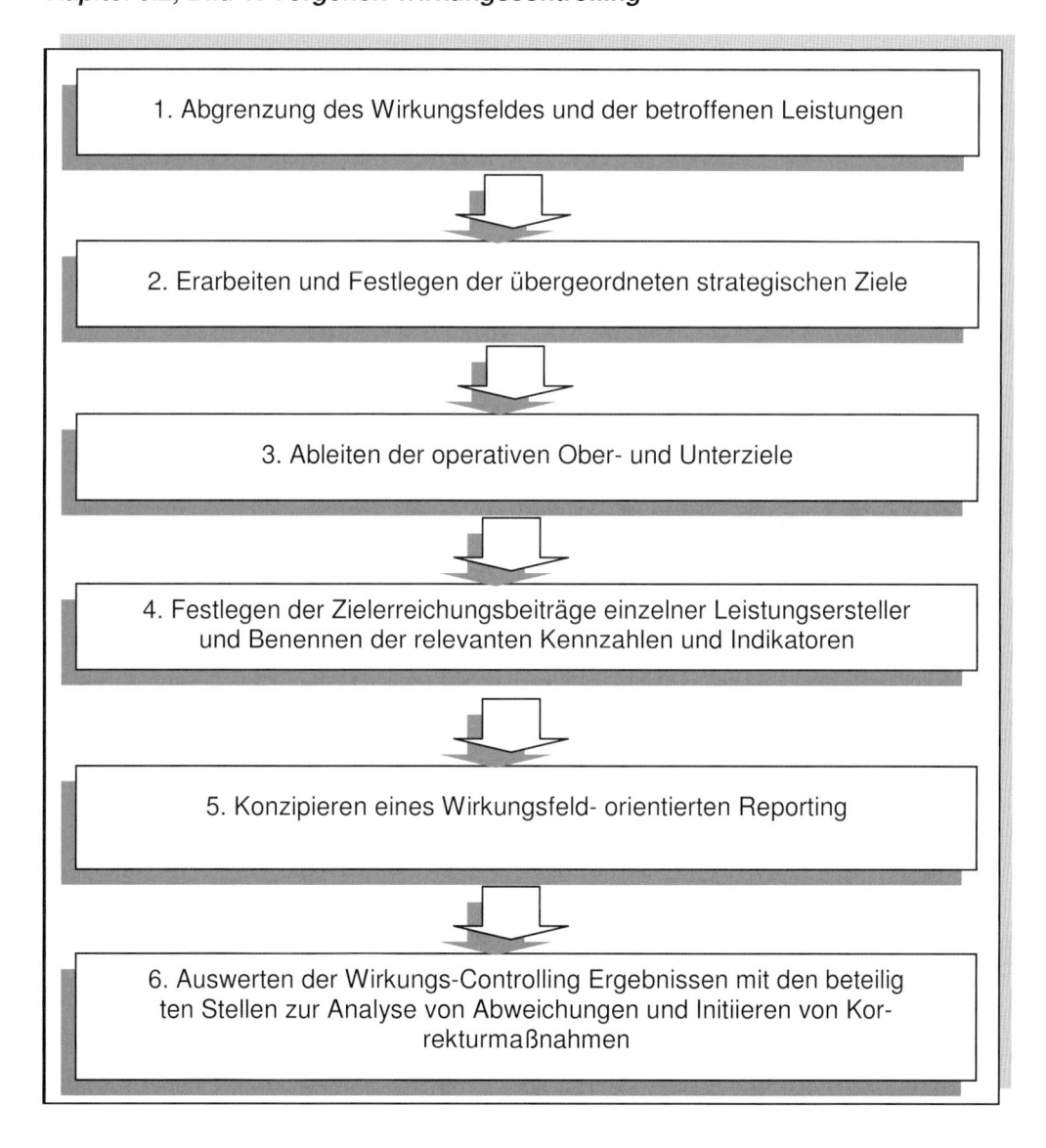

1. Abgrenzung des Wirkungsfeldes und der betroffenen Leistungen

2. Erarbeiten und Festlegen der übergeordneten strategischen Ziele

3. Ableiten der operativen Ober- und Unterziele

4. Festlegen der Zielerreichungsbeiträge einzelner Leistungsersteller und Benennen der relevanten Kennzahlen und Indikatoren

5. Konzipieren eines Wirkungsfeld- orientierten Reporting

6. Auswerten der Wirkungs-Controlling Ergebnissen mit den beteiligten Stellen zur Analyse von Abweichungen und Initiieren von Korrekturmaßnahmen

Folgendes Anwendungsbeispiel für ein Wirkungscontrolling sei für das Wirkungsfeld Zuwanderungsintegration denkbar:

Das Strategische Ziel für alle Leistungen aus diesem Bereich bestehe zum Beispiel darin, die MigrantInnen frühzeitig stabil in das bundesdeutsche Sozial-, Gesellschafts- und Wirtschaftsleben zu integrieren, um sie so zu einem selbständigen Leben in Deutschland als Teil der deutschen Bevölkerung zu befähigen.

Leistungsersteller hier sind in den Bundesländern diverse Behörden und Ämter sowie unterschiedliche Träger von Sozial-, Bildungs- und Beratungseinrichtungen.

Eine Systematik von Ober- und Unterzielen sowie Kennzahlen könnte wie folgt aussehen:

Kapitel 6.2, Bild 2: Beispiel Zielsystematik Wirkungscontrolling

Zielsystem Integration MigrantInnen		
Oberziel 1: Keine staatlichen Transferzahlungen nötig		
Oberziel 2: Aktive gesellschaftliche Teilhabe		
Nr.	**Unterziel**	**Kennzahlen**
1	Sprache auf B1-Niveau	Anteil Migranten mit Zertifikat B1
2	Profiling liegt vor	Anteil Migranten - abgeschlossenes Profiling in einem Jahr
3	Frauen in Arbeit	Anteil Lohnempfängerinnen
4	Ausbildungsabschluss	Anteil Jugendliche / Jungerwachsene mit Ausbildung
5	Bekenntnis Demokratie	Anteil erfolgreiche Teilnahme Orientierungskurs

Diese Entwicklung befindet sich in der Bundesrepublik noch in den Kinderschuhen. Andere europäische Länder (Großbritannien, Schweizer Kantone usw.) (re)agieren längst adäquat. So sind in der Schweiz seit 1990 auf allen administrativen Ebenen umfassende Reformen der Verwaltungssteuerungsansätze mit der Intention einer wirkungsbezogenen Steuerung durchgeführt worden.

Dies erforderte im Ergebnis auch, dass die klassische Berichtsstruktur, die sich an der Aufbauorganisation der Verwaltung oder bestenfalls an den Produkten orientierte, durch eine Struktur ersetzt oder ergänzt werden muss, die sich an Wirkungsfeldern ausrichtet.

6.3. Einfach knifflig: Das Projektcontrolling

Eine zielgerichtete Projektsteuerung erfordert ein projektbezogenes Kennzahlencontrolling.

Ein Projekt als einmaliges komplexes Vorhaben ist neben dem Alltagsgeschäft zu realisieren. Verfügend über eine konkrete Projektzielsetzung und einen Auftraggeber setzt es die projektspezifische Aufbauorganisation (Projektgremien, Verantwortlichkeiten und Kompetenzen) sowie eine Ablauforganisation (Ablauf- und Terminpläne etc.) voraus.

Basis für ein Projektcontrolling ist ein Ablauf- und Terminplan, bei dem für jedes Arbeitspaket spezifische Sach-, Termin- und Kosten-/Ressourcenziele festgelegt wurden. Bei hochkomplexen Vorhaben erfolgt die Planung und Steuerung mittels eines Netzplanes.

Die Projektcontrollingergebnisse werden in Projektberichten zusammengefasst und bieten der Projektleitung oder den Lenkungsgremien eine Entscheidungsgrundlage für Steuerungsentscheidungen wie zum Beispiel die Reduzierung des Detaillierungsgrades der Bearbeitung, den Einsatz neuer Ressourcen oder das Vorziehen späterer Projekt-Arbeitspakete.

Im Folgenden ist ein Berechnungsschema für das Projektcontrolling dargestellt (siehe nächste Seite).

Kapitel 6.3, Bild 1: Berechnungsschema Projektcontrolling

Projektstatusberechnung per 31.3. 2008							
Nr. AP	Gewicht des AP	Sachziel SZ (Ist) Gewicht SZ 30% alle AP	Terminziel TZ (Ist) Gewicht TZ 50 % alle AP	Ressourcenziel RZ (Ist) Gewicht RZ 20 %alle AP	Erfüllungsgrad des Arbeitspakets (Am 31.3.2008)	HB?	
1	10 %	Konzept liegt vor(Abstimmung fehlt noch) EG* 80 %	31.3.2008 EG 80 %	5 Personentage (6,2 Personentage) EG* 76 %	79,2 %	ja	
2	20 %	Informationskampagne ist erfolgt	31.5.	6 Personentage	N.A*		
3	60 %	Umsetzung ist erfolgt	31.7.	20 Personentage	N.A*		
4	10 %	Evaluation ist erfolgt	31.12.	4 Personentage	N.A*		

Das Beispiel zeigt, dass im vorliegenden Fall ein Handlungsbedarf am 31.3.2008 entstanden ist, da hier bereits ein Erfüllungsgrad des ersten Arbeitspakets von nur 76 % vorliegt.

Bei der Anwendung eines Projektcontrollings ist stets darauf zu achten, dass sich die Gewichtungen der Arbeitspakete an den Meilenstein der Projektplanung ausrichten. Diese sollten mit der obersten Leitung oder dem Auftraggeber abgestimmt sein.

7. Berichte und Reports entscheidungsorientiert gestalten

Eine der wichtigsten Aufgaben des Controllings besteht darin, die einzelnen Management-Ebenen zeitnah mit den Informationen zu versorgen, die sie für ihre Steuerungsaufgaben im Unternehmen benötigen. Konkret übernimmt die Aufgabe der Informationsversorgung das System des Reportings oder auch des internen Berichtswesens, das vom Controlling aufgebaut und gepflegt wird. Man kann Reporting definieren als

Einrichtungen und Prozesse zur Aufbereitung und Übermittlung von Planungs- und Kontrollinformationen für das Management. Gegenstand des Berichtswesens sind damit steuerungsrelevante Kosten- und Erlösinformationen für das Management.

Im Rahmen des Berichtswesens bzw. allgemein des Reportings sind eine Reihe von Grundfragen zu beantworten. Sie betreffen:

- **Reportinginhalte,**
- **Reportingart,**
- **Reportinggestaltung,**
- **Reportingtermine und**
- **Reportinghäufigkeit.**

Mit der Frage nach dem Reportingzweck wird das „Wozu" des Reportings angeschnitten. Allgemein formuliert ergibt sich der Berichtszweck bereits aus der Definition des Reportings:

Reporting bedeutet die Versorgung des Managements mit steuerungsrelevanten Informationen.

Welche Informationen dies konkret beinhaltet (sogenannte must-to-have-Informationen), lässt sich nicht objektiv feststellen. Dagegen spricht die Komplexität der Steuerungszusammenhänge ebenso wie die hohe Veränderungsdynamik in den Unternehmen und der Umwelt, die zu einer permanenten Änderung des Informationsbedarfs führen.

Die vom Management formulierte Informationsnachfrage ist stark subjektiv geprägt, weil sich die Steuerungspräferenzen des Managements sehr unterschiedlich darstellen. So können in den Unternehmen höchst differenzierte Informationspräferenzen auftreten, z.B.:

- **Kennzahleninformationen,**
- **Kosteninformationen,**
- **Liquiditätsinformationen sowie**
- **Umsatz- und Vertriebsinformationen**.

Des Weiteren werden von vielen Unternehmen auch nicht unbedingt benötigte Informationen (sogenannte nice-to-have-Informationen) aus Prestige- und Sicherheitsdenken angefordert.

Das Controlling muss sich hier als „Service-Anbieter" verstehen und gemeinsam mit den Nachfragenden, dem Management, die Informationsinhalte definieren.

Dies kann durch schriftliche Abfragen, besser aber mit Hilfe gemeinsamer Workshops erfolgen. Keinesfalls darf das Controlling als „Absender" von Informationen die Informationsinhalte eigenständig festlegen.

Eine wichtige Aufgabe bei der Festlegung der Berichtsinhalte ist die hierarchiegerechte Verdichtung der übermittelten Informationen. Je höher der Berichtsempfänger in der Unternehmenshierarchie steht, desto stärker sollten Informationen verdichtet werden.

Kap. 7, Bild 1: Die Informationspyramide

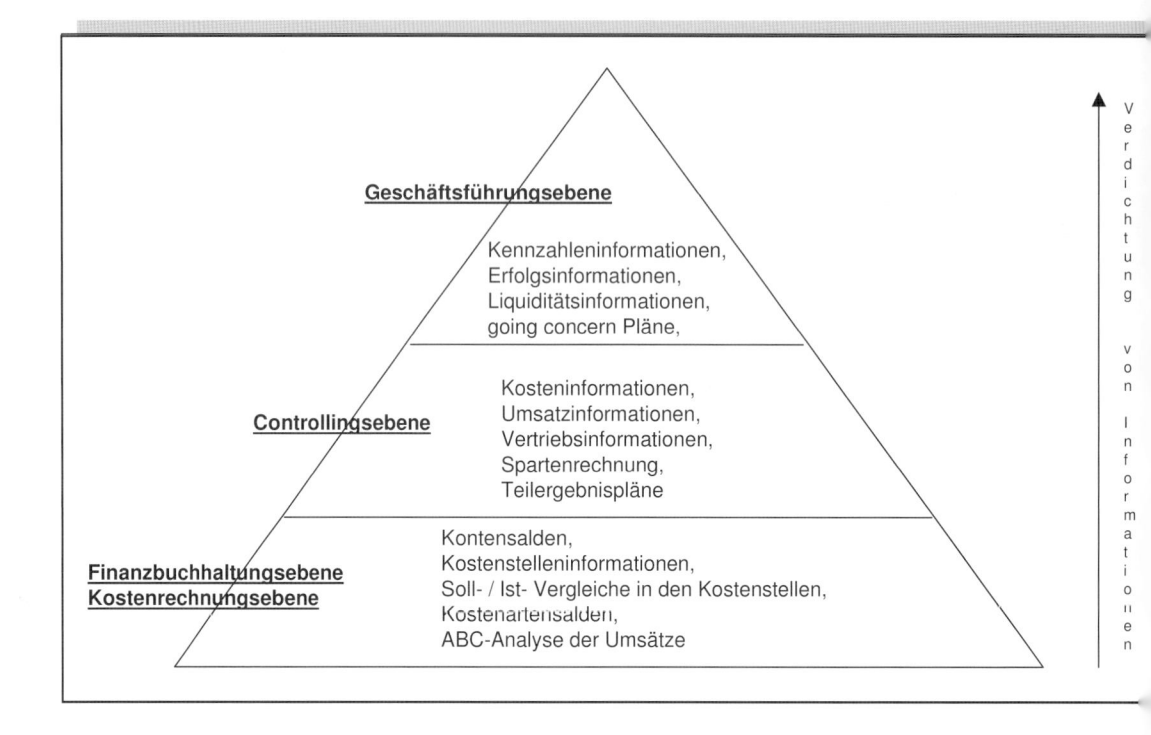

Geschäftsführungsebene
Kennzahleninformationen,
Erfolgsinformationen,
Liquiditätsinformationen,
going concern Pläne,

Controllingebene
Kosteninformationen,
Umsatzinformationen,
Vertriebsinformationen,
Spartenrechnung,
Teilergebnispläne

Finanzbuchhaltungsebene
Kostenrechnungsebene
Kontensalden,
Kostenstelleninformationen,
Soll- / Ist- Vergleiche in den Kostenstellen,
Kostenartensalden,
ABC-Analyse der Umsätze

↑ Verdichtung von Informationen

8. Stellenprofil für Controlling-Stellen

Nachfolgend wird ein möglicher Aufgabenkanon für VerwaltungscontrollerInnen vorgestellt, der sich individuell modifizieren lässt:

Strategisches Controlling, strategische Planungen / Analysen durchführen, Entwicklungspfade aufzeigen, Prioritäten vorschlagen

Entwickeln notwendiger Standards

Konzeptionelles Mitwirken bei der Produktbildung

Entwickeln von controllingfähigen Zielen und Sollwerten

Mitwirken bei der Budgetierung (konzeptionell)

Mitwirken bei der Kennzahlenbildung (konzeptionell)

Standards für controllingfähige Kontrakte erarbeiten

Alle Einzelpläne harmonisieren

Berichts- und Informationswesen sicherstellen und pflegen

Erarbeiten und Mitwirken bei Abweichungs- und Kennzahlenanalyse mit Empfehlungen

Durchführen von Sonderrechnungen und Benchmarking

Durchführen von Funktions-, Prozess- oder Projektcontrolling

Beratung der Führungskräfte

Dabei ist der Controller ein „Kommunikator" oder der "Überzeugende", der versucht, die controllingrelevanten Fragen möglichst verständlich, mit wenig "Fachchinesisch" und überzeugend darzulegen.

Anforderungen an Controller lassen sich daher wie folgt formulieren:

1. **Persönliche Anforderungen**
   - Berufserfahrung
   - Kommunikationsfähigkeit
   - Argumentative Durchsetzungsfähigkeit
   - Persönliche Integrität und Autorität
   - Konfliktlösungsfähigkeiten

2. **Fachliche Kenntnisse**
   - Haushaltswesen
   - Betriebswirtschaft, Managementwissen
   - Anwenderkenntnisse DV
   - Berichts- und Info-Wesen
   - Erfahrung im Umgang mit Kennzahlen
   - Kosten- und Leistungsrechnungskenntnisse
   - Fachgebietskenntnisse bei Fach-Controlling

3. **Methodische Kenntnisse**
   - Präsentationstechniken
   - Moderationstechniken, Gesprächsführungstechniken
   - Abweichungsanalysen etc., Kennzahlenanalysen
   - Konfliktlösungsstrategien
   - Veränderungsmanagement, Projektcontrolling

Je nachdem, welche dieser Anforderungen wie gewichtet wird, kommt es zu unterschiedlichen Stellen-/Anforderungsprofilen mit entsprechend differenzierten Bewertungen.

Daher empfiehlt es sich, ein einmal entwickeltes Anforderungsprofil in der Praxis auf nötige Modifizierungen und Weiterentwicklungen stetig zu überprüfen.

Die Einordnung der Controllingfunktionen sollte ausschließlich vom Bedarf der Führungsebenen hinsichtlich Steuerungsunterstützung abhängig gemacht werden. Eine "richtige" oder "falsche" Lösung existiert somit nicht.

9. Bildverzeichnis

Kap. 3.1.	Bild 1	Anforderungen an die Abgrenzung von Produkten	10
Kap. 3.1.	Bild 2	Produkthierarchie	12
Kap. 3.1.	Bild 3	Formular Produktbeschreibung	14
Kap. 3.1.	Bild 4	Ausgefüllte Produktbeschreibung	16
Kap. 3.1.	Bild 5	Vorgehensweise Erarbeitung Produktbeschreibung	17
Kap. 3.2.	Bild 1	Beispiel Zielsystematik	22
Kap. 3.3.	Bild 1	Kennzahlenkategorien	24
Kap. 3.3.	Bild 2	Vorgehensweise zur Kennzahlenerarbeitung	27
Kap. 3.3.	Bild 3	Kennzahlenformular Verwaltung	28
Kap. 3.4.	Bild 1	Bausteine Zielvereinbarungen	30
Kap. 4.2.	Bild 1	Tableau Szenario-Technik	39
Kap. 4.3.	Bild 1	Portfolio-Matrix	41
Kap. 4.4.	Bild 1	Vorgehensweise Balanced Scorecard	43
Kap. 4.4.	Bild 2	Formular Balanced Scorecard	44
Kap. 4.5.	Bild 1	Vorgehen bei einer Nutzwertanalyse	47
Kap. 4.5.	Bild 2	Berechnungsschema Nutzwertanalyse	48
Kap. 5.1.	Bild 1	Vermögens-, Finanz- und Ertragslage im Jahresabschluss	55
Kap. 5.1.	Bild 2	Aufbau einer Bilanz	57
Kap. 5.1.	Bild 3	Buchungsregeln für Bestandskonten	59
Kap. 5.1.	Bild 4	Schematische Darstellung der Bestandsbuchungen	65
Kap. 5.1.	Bild 5	Form des Grundbuchs	66
Kap. 5.1.	Bild 6	Abkürzungsverzeichnis für Belege	69
Kap. 5.1.	Bild 7	EK-Erhöhung und EK-Minderung	70
Kap. 5.1.	Bild 8	Die Aufwands- und Ertragskontenbuchung	71
Kap. 5.2.	Bild 1	Ablaufschema Vollkostenrechnung	87
Kap. 5.2.	Bild 2	Differenzierung in Einzel- und Gemeinkosten	88
Kap. 5.2.	Bild 3	Die Kostenstelleneinteilung eines Forstamtes	91
Kap. 5.2.	Bild 4	Der BAB eines Forstamtes	92

Kap. 5.2.	Bild 5	Die Kostenstelleneinteilung eines statistischen Bundesamtes	92
Kap. 5.2.	Bild 6	Arten der Kostenträgerrechnung	95
Kap. 5.2.	Bild 7	Kostenträgerstück- und zeitrechnung	97
Kap. 5.2.	Bild 8	Koexistenz der Voll- und Teilkostenrechnung	98
Kap. 5.2.	Bild 9	Optimierung mit Hilfe der Deckungsbeitragsregel	101
Kap. 5.2.	Bild 10	Mehrstufige Deckungsbeitrags-/ Fixkostenschichtungsrechnung	103
Kap. 5.3.	Bild 1	Adressaten der Jahresabschlussanalyse	106
Kap. 5.3.	Bild 2	Kennzahlen und Kennzahlensysteme	109
Kap. 5.3.	Bild 3	Arten von Kennzahlen	111
Kap. 5.3.	Bild 4	Kennzahlenschwerpunkte im REFA-Kennzahlensystem	112
Kap. 5.3.	Bild 5	Ausprägungen der Umsatzrentabilität ohne Branchenbezug	114
Kap. 5.3.	Bild 6	Cash flow i.V.m. der Gewinn- oder Verlustsituation	117
Kap. 5.3.	Bild 7	Du-Pont-Kennzahlensystem / ROI-Kennzahlensystem	119
Kap. 5.3.	Bild 8	Die Top-Kennzahlen im Umfeld von Basel II und Insolvenzen	120
Kap. 5.3.	Bild 9	Eigen- und Fremdkapitalquote	124
Kap. 5.3.	Bild 10	Liquiditätskennzahlen im Überblick	126
Kap. 5.3.	Bild 11	Liquidität 1-3 unter Basel II – und Insolvenzaspekten	130
Kap. 5.3.	Bild 12	REFA-Kennzahlensystem	133
Kap. 5.4.	Bild 1	Leistungskennzahlen Beispiele	136
Kap. 5.5.	Bild 1	Formular zur Erfassung der Erfüllung von Qualitätsanforderungen	142
Kap. 5.5.	Bild 2	Qualitätskennzahlen Beispiele	143
Kap. 5.6.	Bild 1	Beispiel für eine Prozessidentifikation in der Ist-Aufnahme	147
Kap. 5.6.	Bild 2	Formular zur Dokumentation von Prozessen	149
Kap. 5.6.	Bild 3	Ausgefülltes Formular zur Dokumentation von Prozessen	150
Kap. 5.6.	Bild 4	Beispiele für Prozesskennzahlen	151
Kap. 5.7.	Bild 1	Index zur Mitarbeiterzufriedenheit	154
Kap. 6.1.	Bild 1	Vorgehen Benchmarking	157
Kap. 6.1.	Bild 2	Formular Benchmarking	158

Kap. 6.2.	Bild 1	Vorgehen Wirkungscontrolling	161
Kap. 6.3.	Bild 2	Beispiel Zielsystematik Wirkungscontrolling	162
Kap. 6.3.	Bild 1	Berechnungsschema Projektcontrolling	165
Kap. 7	Bild 1	Die Informationspyramide	168

10. Stichwortverzeichnis

Abschreibung	S. 82
Anlagevermögen	S. 57
Anlagevermögensquote	S. 121
BAB	S. 92, 93
Balanced Scorecard	S. 42
Benchmarking	S. 156
Berichte	S. 35
Bestandsbuchungen	S. 61, 62, 63
Bestandskonten	S. 60
Bilanz	S. 55
Cash flow	S. 114
Checkliste Strategisches Controlling	S. 37
Deckungsbeitrag	S. 99
Dokumentation von Prozessen	S. 150
Doppik	S. 49, 54
Eigenkapital	S. 57, 71
Eigenkapitalquote	S. 122
Eigenkapitalrentabilität	S. 131
Einzelkosten	S. 88
Erfolgskonten	S. 71
Ertragskennzahlen	S. 130
Finanzbuchhaltung	S. 54, 57
Fremdkapital	S. 57
Fremdkapitalquote	S. 122
Gemeinkosten	S. 88
Gemeinkostenzuschlag	S. 93
Gesamtkapitalrentabilität	S. 132
Goldene Bilanzregel	S. 125
Grundbuch	S. 66, 67
GuV	S. 55
Haben	S. 59
Input- und Outputsteuerung	S. 7
Jahresabschluss	S. 55
Jahresabschlussanalyse	S. 106

Kalkulatorische Kosten	S. 89
Kennzahlen	S. 23
Kennzahlen Mitarbeiterzufriedenheit	S. 153, 154
Kennzahlen Motivation	S. 153
Kennzahlen Prozesse	S. 145
Kennzahlen Qualität und Kundenzufriedenheit	S. 139
Kennzahlenerarbeitung	S. 27
Kontenrahmen	S. 86
Kostenarten	S. 88
Kostenstellen	S. 90, 91
Kostenträger	S. 95
Lagebericht	S. 55
Leistungskennzahlen	S. 135
Liquidität I	S. 126
Liquidität II	S. 126
Liquidität III	S. 126
Mehrstufige Deckungsbeitragsrechnung	S. 102
Nutzwertanalyse	S. 46
Operative Ziele	S. 20
Portfolio-Technik	S. 40
Produktbeschreibung	S. 13, 14, 16, 17
Produkte	S. 9
Produkthierarchie	S. 12
Projektcontrolling	S. 164
Qualitätskennzahlen	S. 144
Qualitätsmanagement	S. 142
Report	S. 166
ROI	S. 119
Schlussbilanz	S. 65
Silberne Bilanzregel	S. 125
Soll	S. 59
Stellenprofil	S. 169
Strategische Ziele	S. 20
Strukturkennzahlen	S. 121
Szenario-Technik	S. 38
TOP-Kennzahlen	S. 113

Umlaufvermögen	S. 57
Umlaufvermögensquote	S. 122
Umsatzrentabilität	S. 113
Umsatzsteuerkonten	S. 79
Verwaltungsprodukt	S. 8
Vollkostenrechnung	S. 87
Warenkonten	S. 75
Wirkungscontrolling	S. 160
Zielsystematik	S. 22
Zielvereinbarungen	S. 29, 30

© REFA

11. Das Autorenteam

Prof. Dr. Oliver B. Störmer

Prof. Dr. Störmer ist als Vorstandsvorsitzender des REFA-Bundesverbandes e.V. in Darmstadt sowie in verschiedenen Aufsichts- und Beiräten großer deutscher Unternehmen tätig. Er hat sich der Vermittlung des Controllings und Rechnungswesens verschrieben. Als Honorarprofessor in Deutschland und der Schweiz sowie als Autor und Co-Autor setzt er sich für die konsequente Anwendung von Controllingmaßnahmen in Wirtschaft und öffentlicher Verwaltung ein. Der häufig frequentierte Referent in Foren und Meetings der Industrie, Wirtschaft, Wissenschaft und Politik legt außerdem mit seinem „Methodenkoffer" persönlich als langjähriger Lehrbeauftragter nicht nur in der Controllingausbildung bei REFA, sondern auch an verschiedenen deutschen Bildungsstätten und Hochschulen Hand an, wenn es um Top-Kennzahlen, Basel I & II, Unternehmensrating, Kostenmanagement und vieles mehr geht. Darüber hinaus berät Prof. Dr. Störmer Unternehmen.

Nähere Auskünfte finden Sie unter www.refa.de. Prof. Dr. Oliver B. Störmer steht Ihnen unter oliver.stoermer@refa.de gerne zur Verfügung.

Dipl.-Volkswirtin Kai Peters

Frau Peters ist geschäftsführende Gesellschafterin der Peters & Co. GmbH Unternehmensberatung, Hamburg. Sie leitet seit vielen Jahren Beratungsprojekte für Kunden des öffentlichen und privaten Sektors. Dabei stehen Vorhaben zur Einführung von neuen Organisations- und Managementsystemen sowie Geschäftsprozessoptimierungen im Vordergrund. Zum Kundenkreis gehören u.a. die Stadtverwaltung Lübeck, Finanz- sowie Justizbehörde Hamburg, das Finanzministerium NRW, die Sozialverwaltung Oberbayern, das Sächsische Staatsministerium des Innern, aber auch die Berliner Verkehrsbetriebe, die Hamburger Hochbahn AG und der Verbund der Öffentlichen Bibliotheken Berlins. Frau Peters kooperiert zur Lösung von Problemstellungen mit unterschiedlichen Partnern. Gemeinsam mit dem REFA-Bundesverband e.V. hat sie die Konzeption der Controlling-Ausbildung für den öffentlichen Sektor erarbeitet und ist seitdem auf diesem Feld als Trainerin tätig.

Bei Interesse können unter info@peters-co.de Auskünfte gegeben oder nähere Informationen unter www.peters-co.de abgerufen werden.

Dipl.-Sport. Wiss. Tanja Weiss

Die studierte Sportwissenschaftlerin widmet sich, ausgehend von präventiven Veranstaltungen seit mehr als 10 Jahren, nun auch der Organisation und Durchführung von Weiterbildungsmaßnahmen und Meetings aus Wirtschaft, Industrie und Politik an der REFA-Business-School in Dortmund. Ihr Sinn für praxisnahe und effiziente Vermittlung sowie ihr Wissen um die Bedeutung der „spielenden" Umsetzung der Theorie im Alltag machte sie zur Mitinitiatorin u.a. der neuen REFA-Planspiel-Reihe. Unternehmens-, markt- und anforderungsspezifisch plant Frau Weiss Inhalt und Anspruch aller Seminare und nutzt ihr Wissen und ihre Erfahrung als Co-Autorin der erfolgreichen Controlling-Praxishandbücher. Die Zusammenarbeit mit Partnern und Kunden sind Frau Weiss ein Anliegen, dessen Ausmaß sich in Form von individueller Interessenberücksichtigung permanent verdeutlicht.

Ausführliche Informationen lassen sich www.refa.de entnehmen. Frau Weiss beantwortet gerne Ihre Anfragen unter tanja.weiss@refa.de.